O DEVER DE MOTIVAÇÃO E O PROBLEMA DA FUNDAMENTAÇÃO SIMBÓLICA DAS DECISÕES JUDICIAIS

Leonardo Vieira de Souza

O DEVER DE MOTIVAÇÃO E O PROBLEMA DA FUNDAMENTAÇÃO SIMBÓLICA DAS DECISÕES JUDICIAIS

2023

EDITORA *Jus*PODIVM

www.editorajuspodivm.com.br

EDITORA *Jus*PODIVM
www.editorajuspodivm.com.br

Rua Canuto Saraiva, 131 – Mooca – CEP: 03113-010 – São Paulo – São Paulo
Tel: (11) 3582.5757
• Contato: https://www.editorajuspodivm.com.br/central-de-relacionamento

Diagramação: Lupe Comunicação e Design *(lupecomunicacao@gmail.com)*

Capa: Ana Caquetti

S729d Souza, Leonardo Vieira de

O dever de motivação e o problema da Fundamentação Simbólica das decisões Judiciais / Leonardo Vieira de Souza – São Paulo: Editora Juspodivm, 2023.

128 p. (Eduardo Espínola / coordenador Fredie Didier Jr.)

Inclui Bibliografia.
ISBN 978-85-442-3928-5.

1. Direito Processual Civil. 2. Direito Constitucional. 3. Hermenêutica Jurídica. 4. Direitos Fundamentais. I. Souza, Leonardo Vieira de. II. Título.

CDD 341.46

AGRADECIMENTOS

A vontade de aprender, de me tornar mestre, de voltar à faculdade, de reviver a academia, de tornar-me professor foi o combustível que me trouxe até aqui. Mas nada se tornaria realidade sem a ajuda dos que me cercam e estiveram comigo desde os estudos para a seleção, no meio de uma viagem a Portugal, até a fase final da dissertação com todos os percalços ordinários de um mestrado incrementados por uma pandemia mundial e tudo que ela nos trouxe.

Por isso que agradeço aos meus pais e irmãos, por serem a base de tudo e talvez aqueles a quem mais busco orgulhar. À Natalia, pela parceria e empolgação com minhas conquistas. Ao Lucas, por já me motivar a ser sempre melhor.

Agradeço aos colegas da turma do mestrado por representarem, no ambiente muitas vezes hostil e agressivo da academia, uma multiplicidade de padrões e perfis que sempre se agregou no caminho da paz e harmonia, o que é muito raro nos tempos estranhos que vivemos.

Aos professores doutores Carlos Eduardo Silva e Souza e Marcelo Antonio Theodoro, um agradecimento especial pelos ensinamentos dentro de sala e fora dela, como exemplos de empatia.

Por fim, agradeço especialmente ao meu orientador, Prof. Dr. Welder Queiroz dos Santos, por caminhar ao meu lado em todo esse período, por me guiar na trajetória até aqui e por representar um espelho de professor e acadêmico: despido de vaidades, realista, sincero e objetivo.

PREFÁCIO

Fiquei muito feliz e honrado com o convite do Professor Leonardo Vieira de Souza para prefaciar o seu trabalho "O Dever de motivação e o problema da fundamentação simbólica das decisões judiciais", versão comercial da dissertação de mestrado com a qual, em 30 de agosto de 2021, obteve seu título de Mestre em Direito pela Faculdade de Direito da Universidade Federal de Mato Grosso, perante banca composta pelos Professores Cassio Scarpinella Bueno, da Pontifícia Universidade Católica de São Paulo, Marcelo Antonio Theodoro, da UFMT, e por mim, seu orientador.

Conheci Leonardo na entrevista para o ingresso no curso de Mestrado da UFMT no final do ano de 2018, em meu primeiro processo seletivo como Professor do Programa de Pós-Graduação em Direito da Faculdade de Direito. Ele e Mariana Ferreira Teixeira foram meus primeiros orientandos no mestrado.

Após cursar as disciplinas no 1º semestre de 2019, Leonardo foi aprovado em outro processo seletivo, agora para ingresso no curso de Mestrado em Direitos Fundamentais da Universidade de Lisboa, em Portugal, com início imediato no 2º semestre de 2019. Leonardo, então, matriculou-se e mudou-se para Portugal. Tive a impressão de que havia perdido um orientando.

Eis que no meio de 2020, após o mundo ser afetado pela Pandemia do Covid-19, Leonardo concluiu as disciplinas na Universidade de Lisboa, retornou a Cuiabá e reingressou ao Mestrado em Direito da UFMT. No 2º semestre, cursou, entre outras, a minha disciplina sobre Direitos Fundamentais Processuais e concluiu os créditos necessários para a defesa.

Leonardo Vieira destacou-se durante as aulas. Mesmo na frieza das aulas por videoconferência, impostas pela Pandemia, demonstrou ter raciocínio lógico-jurídico aguçado, apresentou reflexões e questionamentos relevantes nos temas estudados. Coincidentemente, ou não, expôs sobre a motivação das decisões judiciais.

O seu destaque, porém, não nos surpreendeu, pois Leonardo Vieira de Souza é destacado Procurador do Estado de Mato Grosso, graduado em Direito pela Universidade Federal de Pernambuco, seu Estado de origem, com dedicação ao ensino jurídico voltado aos concursos para Procuradorias do Estado, além de ser dedicado escritor, autor do Manual de Direito e Processo Tributário, publicado pela Juspodivm, em coautoria com Evandro Bortolotto Ortega, também Procurador do Estado de Mato Grosso e também Mestre em Direito pela UFMT.

O tema escolhido por Leonardo para as suas pesquisas de mestrado – a motivação das decisões judiciais – relaciona-se diretamente com o direito fundamental processual ao contraditório, ao assegurar às partes o direito de ter seus argumentos considerados pelo Juiz em sua decisão (o que não significa que deve concordar com eles), como abordo em meu *Princípio do contraditório e vedação de decisão surpresa.*

Além da relevância para as partes, a motivação das decisões judiciais é fundamental para assegurar a existência de parâmetros necessários para a sociedade avaliar a atuação do Poder Judiciário e para impor racionalidade e coerência argumentativa aos magistrados no ato de decidir.

No entanto, Leonardo não se contentou em pesquisar tão somente o clássico tema da motivação das decisões judiciais. Mas, sim, em relacioná-lo e investigá-lo a partir do problema da fundamentação simbólica dos julgamentos proferidos no Brasil.

Por fundamentação simbólica, o autor deixa claro que o adjetivo possui um aspecto crítico-valorativo negativo, sendo isso um problema para o Direito. A adoção da expressão teve confessadamente inspiração em Marcelo Neves, pernambucano e seu professor na graduação, que utiliza a expressão "constitucionalização simbólica" para criticar a desjuridificação da realidade constitucional por fatores extrajurídicos, "sem produzir os efeitos normativos-jurídicos generalizados previstos no respectivo texto constitucional". (*A constitucionalização simbólica*, 2011, p. 119-120)

O ponto de partida do trabalho, no capítulo 1, reside na identificação do conteúdo do dever de motivação das decisões judiciais, à luz da (busca pela) legitimação discursiva da jurisdição constitucional, considerando a atuação do Poder Judiciário face a separação dos poderes e a tensão sinérgica entre jurisdição constitucional e democracia.

No capítulo 2, analisa o percurso da decisão na busca respostas certas em face de desacordos profundos resultantes dos direitos e dos casos controversos que são submetidos a apreciação do Poder Judiciário. Perpassa por aspectos referentes à argumentação e à hermenêutica jurídica ("desacordos e encruzilhadas argumentativas") e encerra com a identificação da distinção entre aquilo que, em seu modo de ver, faz com que uma decisão judicial seja fundamentada de maneira simbólica.

No capítulo 3, ponto culminante da obra, enfrenta o problema da fundamentação simbólica das decisões judiciais na jurisdição constitucional, com a demonstração do sentido da expressão, das características e dos efeitos, em análise restrita à avaliação do Supremo Tribunal Federal, apresentação de posicionamento crítico a respeito das funções e atuação da Corte, quanto às suas competências, modelo deliberativo e de julgamento. Ao final, apresenta casos de utilização de fundamentação simbólica e avalia os seus efeitos na realidade jurídica e política brasileira.

Apresentada a obra, parabenizo imensamente o Leonardo pela dedicação com que conduziu seu curso de mestrado na nossa Faculdade de Direito da Universidade Federal de Mato Grosso (mesmo com o desafio de, no decorrer, cursar também as disciplinas do curso de mestrado na Universidade de Lisboa), pela conquista do seu Título de Mestre e pelo lançamento do livro que, agora, vem a público.

Parabenizo também a Editora Juspodivm, que muito contribui para o aperfeiçoamento das letras jurídicas brasileiras com publicações de relevantes dissertações e teses, na pessoa de seu editor chefe Ricardo Didier, por mais este lançamento no qual o autor, sem dúvidas, apresenta importante contribuição doutrinária sobre o problema da fundamentação simbólica das decisões judiciais.

Ao leitor, desejo uma ótima e proveitosa leitura!

Cuiabá, 12 de outubro de 2022.

Welder Queiroz dos Santos

Doutor, Mestre e Especialista em Direito Processual Civil pela Pontifícia Universidade Católica de São Paulo (PUC/SP). Especialista em Direito Empresarial pela Universidade Presbiteriana Mackenzie. Professor nos cursos de graduação, especialização e mestrado da Faculdade de Direito da Universidade Federal de Mato Grosso (UFMT). Coordenador da Especialização em Direito Processual Civil da Faculdade de Direito da UFMT. Membro do Instituto de Direito Processual (IBDP). Secretário-Geral Adjunto da Comissão Especial do Código de Processo Civil do Conselho Federal da Ordem dos Advogados do Brasil (OAB). Acadêmico, titular da cadeira n. 14, da Academia Mato-grossense de Direito (AMD). Advogado e consultor jurídico. *welder@wqadv.com.br*.

SUMÁRIO

INTRODUÇÃO

O dever constitucional de fundamentação representa o instrumento de controle da atuação do Poder Judiciário no que concerne à separação dos poderes. É na motivação das decisões judiciais que são apresentadas as razões para intervenção judicial em determinado caso concreto, o que se torna bastante sensível quando a apreciação atine a restrições ou choques de direitos fundamentais.

A aplicação de conteúdos jurídicos indeterminados, de princípios jurídicos e o sopesamento entre direitos universais que naturalmente exigem concretização torna a tarefa do julgador elemento de relevante preocupação do Direito, seja quanto à formatação objetiva das decisões judiciais, seja quanto aos efeitos sociais, políticos e jurídicos do exercício do controle jurisdicional, especialmente na seara da jurisdição constitucional.

Esta investigação parte da preocupação com a necessidade de densificação normativa do dever constitucional de fundamentação das decisões judiciais, utilizando como espelho e recorte de análise o exercício da jurisdição constitucional, face ao maior leque de opções argumentativas que é posto à disposição dos julgadores, o que decorre basicamente do caráter universal dos direitos fundamentais, da constitucionalização do Direito no pós-guerra, da maximização judicial na aplicação dos princípios constitucionais e da crise de representatividade dos demais poderes políticos.

Aliada a isso, tem-se a situação brasileira como representativa da potencialização das preocupações enunciadas, em razão da superlativação das competências do Supremo Tribunal Federal e de sua atuação cada vez mais proeminente no cenário das grandes discussões nacionais.

Nessa perspectiva, ao observar a aparente confluência de fatores jurídicos e extrajurídicos nas decisões da Suprema Corte, com perigosa ênfase a argumentos paralelos ao Direito e com aparente despreocupação com a construção analítica dos caracteres jurídicos que embasam suas decisões, verificou-se a pertinência de alocar o presente estudo no campo da justificação das decisões judiciais, com ênfase no exercício da jurisdição constitucional e no sentido do enfrentamento do problema da fundamentação simbólica dos julgamentos proferidos no Brasil.

Reconhece-se, inicialmente, certa fluidez no conteúdo jurídico do dever de motivação, razão pela qual o primeiro capítulo é dedicado ao preenchimento do conteúdo da determinação constitucional de fundamentação das decisões judiciais. Essa análise leva em consideração aspecto que a todo o tempo permeia este estudo, que é a legitimação da atuação do Poder Judiciário face à separação dos poderes.

Nessa toada é que se enfrenta também o que se chama de "tensão sinérgica" entre jurisdição constitucional e democracia, o que, decerto, conduz à transição entre o estudo normativo do dever de motivação e o enfrentamento dos percursos construtivos da decisão judicial sob a ótica da especificação dos critérios que validam a justificação das decisões judiciais como jurídica.

No segundo capítulo, então, parte-se em busca da resposta quanto à existência de respostas certas em face de desacordos profundos resultantes dos direitos e casos controversos que contemporaneamente são submetidos ao crivo judicial. O estudo, nesse ponto, perpassa por aspectos referentes à argumentação e à hermenêutica jurídicas, com o enfrentamento do assunto à luz da incessante busca pela racionalidade na conformação das decisões judiciais, encerrando com a identificação da distinção entre aquilo que faz com que uma decisão judicial seja fundamentada de maneira insuficiente ou simbólica.

Por fim, enfrenta-se diretamente o problema da fundamentação simbólica das decisões da jurisdição constitucional. Nesse ponto, em se tratando de expressão plurissignificativa, inicia-se com a demonstração do que é o simbolismo para os efeitos tratados neste trabalho e quais consequências podem ter atuações ou institutos simbólicos a favor ou em desfavor da organização dos sistemas sócio-jurídico-políticos.

A partir daí, a fim de demonstrar a existência, características e efeitos da fundamentação simbólica das decisões da jurisdição constitucional, parte-se do estabelecimento de recorte no objeto apreciado, que restringe o estudo à avaliação do Supremo Tribunal Federal, a fim de tornar palpável a avaliação e os resultados buscados a partir da observação do tribunal responsável pela guarda da Constituição no Brasil.

Nessa análise, traz-se posicionamento crítico a respeito das funções e atuação do STF, quanto às suas competências, modelo deliberativo e de julgamento, o que se faz com bastante apoio em estudos específicos e até estatísticos de Virgílio Afonso da Silva a respeito do tema.

Ao final, com todas essas bases firmadas, enfatizam-se julgamentos selecionados a partir de metodologia evidenciada no trabalho com o fim de demonstrar casos de utilização de fundamentos simbólicos para decisão de casos controversos e, então, avaliam-se os efeitos disso na realidade jurídica e política brasileira.

A pesquisa pautou-se essencialmente em pesquisa bibliográfica e jurisprudencial. A pretensão é de apresentação de resultados sólidos a partir da análise de casos julgados que se relacionam com os aspectos a respeito dos quais, inicialmente, foram apresentadas bases teóricas consistentes capazes de inspirar reflexões críticas sobre o exercício da jurisdição constitucional no Brasil.

O CONTEÚDO DO DEVER DE MOTIVAÇÃO À LUZ DA (BUSCA PELA) LEGITIMAÇÃO DISCURSIVA DA JURISDIÇÃO CONSTITUCIONAL

A legitimação da expressão do poder por meio de decisões judiciais apoia-se essencialmente na sua fundamentação[1]. Isso porque o dever constitucional de motivação das decisões judiciais, ao lado de outras garantias ou deveres protegidos constitucionalmente (como o juiz natural, a publicidade, o contraditório e a ampla defesa), serve não só como regra que assegura a existência e validade dessas decisões, como também funciona como baliza da tripartição dos poderes, critério legitimador da atuação do Poder Judiciário[2].

Vale registrar, nesse ponto, que se toma por premissa a ideia de que a tutela jurisdicional representa polo metodológico do Direito Processual Civil[3], do que resulta a necessária análise dos problemas de cunho processual a partir dessa ótica, sem se desconsiderar que os meios necessários ao atingimento do *resultado* da decisão, que reconhecem um direito – e não somente o afirmam – carente de proteção pelo Estado-juiz[4], como prescreve Cassio Scarpinella Bueno.

A fundamentação como elemento essencial da legitimidade discursiva surge como solução para a chamada "dificuldade contramajoritária"

1. Neste trabalho, motivação e fundamentação serão tratados como sinônimos, porque não se entende haver razão prática, etimológica ou jurídica para a distinção. De todo modo, há quem diferencie as duas expressões, arguindo que motivação seria a discussão dos motivos e fundamentação seria o resultado final, ou seja, a fundamentação seria a análise final dos motivos apreciados no processo. Nesse sentido, cf. AMARAL SANTOS, Moacyr. **Primeiras linhas de direito processual civil**. 4. ed. São Paulo: Max Limonad, 1973, v. 3. p. 42.
2. SANTOS, Welder Queiroz dos. Comentários ao art. 11. In: BUENO, Cassio Scarpinella (Coord.). **Comentários ao Código de Processo Civil: arts. 1 a 317**. São Paulo: Saraiva, 2017, v. 1, p. 174-175.
3. Ibidem, p. 36-42.
4. BUENO, Cassio Scarpinella. **Curso sistematizado de direito processual civil**. 5. ed. São Paulo: Saraiva, 9. ed. São Paulo: Saraiva Educação, 2018, p. 363-365.

descrita por Luís Roberto Barroso[5] como a aparente incongruência entre a lógica do Estado Democrático e a possibilidade de que um membro do judiciário, cuja investidura prescinde da manifestação popular (voto), sobreponha a sua interpretação acerca do ordenamento jurídico (e, notadamente, acerca da constituição) àquela feita pelo agente dotado de mandato (membro do poder legislativo) ao editar uma lei.

Essa "dificuldade contramajoritária" resolve-se pela atribuição de legitimação às decisões judiciais por meio de dois elementos: (i) a proteção aos direitos fundamentais; (ii) o atendimento às regras do jogo democrático[6]. É dentro desse segundo elemento que se encontra a fundamentação, como direito fundamental típico do regime democrático, que permite o controle das decisões judiciais, seja pelos jurisdicionados destinatários do comando judicial, seja pelos demais poderes republicanos. Referida noção coaduna-se com o conceito moderno de democracia, que não se esgota no atendimento à vontade majoritária, sendo possível, portanto, que se atribua legitimidade democrática a uma manifestação de poder que não seja chancelada pelo sufrágio popular.

A decisão judicial, que se constrói por sua fundamentação, representa o modo como o direito é efetivamente aplicado pelos juízes. O raciocínio decisório prévio, interno, psicológico, apesar de importante, não representa tanto risco à unidade e à segurança do direito quanto a sua exteriorização[7]. Busca-se a racionalidade na formação da decisão judicial[8], o que se pode verificar pela construção

5. BARROSO, Luís Roberto. ***Countermajoritarian, Representative, and Enlightened: The roles of constitutional tribunals in contemporary democracies***. Revista Direito e Práxis, Ahead of print, Rio de Janeiro, 2017, p. 27-28.

6. Ibidem, p. 28.

7. Marcelo Novelino apresenta posição diametralmente oposta: "A fundamentação de uma decisão judicial deve ser compreendida, portanto, como uma mera tentativa de racionalização posterior daquilo que já foi decidido. Ela pode descrever com maior ou menor precisão o que, de fato, ocorreu no raciocino decisório, mas nunca será um retrato fiel desta realidade. Por isso, dificilmente alguns fatores extrajurídicos que influenciam as decisões judiciais são revelados nas razões expressas na fundamentação, sobretudo, quando considerados indevidos ou inadequados. Isso revela o papel limitado que a fundamentação desempenha na identificação dos reais fatores que influenciam as decisões judiciais. Embora análises qualitativas das fundamentações sejam úteis e necessárias para uma compreensão mais abrangente de como os juízes realmente decidem, não são suficientes, devendo ser complementadas por análises quantitativas dos resultados." Cf. CAMARGO, Marcelo Novelino. **Como os juízes decidem: a influência de fatores extrajurídicos sobre o comportamento judicial.** Tese (Doutorado em Direito) – Faculdade de Direito da Universidade do Estado do Rio de Janeiro, Rio de Janeiro, 2014.

8. Habermas aduz que: "Após o colapso do direito racional, a racionalidade procedimental, que já emigrou para o direito positivo, constitui a única dimensão na qual é possível assegurar ao direito

de fundamentos no âmbito de um direito democrático positivo que se torna autorreferente por sua legitimação discursiva[9].

Na tutela de direitos fundamentais, a essencialidade do dever de fundamentação dos juízes encontra maior ênfase em razão do necessário enfrentamento direto de discussões de índole constitucional. Por isso é que a jurisdição constitucional, alocada na tênue e (provavelmente) eterna distinção entre política e direito, está em constante busca por legitimação, o que se afere concretamente, caso a caso, por meio do modo como o direito é efetivamente dito.

Garcia de Enterria[10] diz que a questão da legitimidade da jurisdição constitucional em um Estado democrático de direito assemelha-se a um vulcão, que, por mais que se suponha adormecido ou extinto, pode se reativar periódica e ciclicamente, seja em face de críticas a um ativismo judicial ou mesmo como censura à autocontenção judicial.

É nesse toar que, tomando por empréstimo a ideia de legitimação discursiva do Judiciário[11], sem a intenção (ao menos por enquanto) de concentrar o estudo no campo da dualidade ativismo-autocontenção, entende-se que o tratamento do dever de motivação das decisões judiciais passa do campo interno do comando judicial, especialmente no que tange à jurisdição constitucional, representando fator essencial à constante busca pela legitimação do exercício desse poder, numa ótica que transborda seus aspectos formais e intrínsecos.

1.1. MOTIVAÇÃO DAS DECISÕES JUDICIAIS E ESTADO DE DIREITO

A relação entre o dever de fundamentação das decisões judiciais e a afirmação do Estado de Direito contemporâneo torna-se bastante clara quando se observa a sintomática inserção da obrigação de os

positivo um momento de indisponibilidade e uma estrutura subtraída a intervenções contingentes." Cf. HABERMAS, Jürgen. **Direito e democracia: entre facticidade e validade**. Trad. Flávio Beno Siebneichler. Rio de Janeiro: Tempo Brasileiro, 1997, v. I, p. 246.

9. LEAL, André Cordeiro. **O contraditório e a fundamentação das decisões no direito processual democrático**. Belo Horizonte: Mandamentos, 2002, p. 107.

10. GARCIA DE ENTERRIA, Eduardo. ***La Constitución Como Norma y el Tribunal Constitucional***. Madrid: 4ª ed., 2006, p. 167.

11. A abordagem, neste tópico, é distinta da realizada por Alexy. Ainda neste estudo haverá o enfrentamento crítico da expressão no uso dado pelo autor. Cf. ALEXY, Robert. ***Balancing, constitutional review, and representation***. International Journal of Constitutional Law. v. 3, n. 572, p. 578 e ss., 2005.

juízes fundamentarem suas decisões em algumas constituições elaboradas após regimes autoritários no século XX[12].

Assim se deu com a constituição mexicana de 1917 (art. 16)[13], promulgada após a guerra civil que sucedeu a Revolução de 1920; com a constituição italiana de 1948 (art. 111)[14], promulgada após a queda do fascismo; com a constituição espanhola de 1978 (art. 120, 3)[15], promulgada após a queda do franquismo; com a constituição peruana de 1979 (art. 233, 4)[16], promulgada após a queda do regime militar; com a constituição portuguesa de 1976, reformada em 1982 (art. 205, I)[17], promulgada após a Revolução dos Cravos e a queda do Estado Novo; e, por fim, também com a constituição brasileira de 1988 (art. 93, IX)[18], promulgada após a queda do regime militar.

Rodrigo Ramina de Lucca[19], em obra que se debruça sobre o dever de motivação das decisões judiciais, destaca a ausência da menção expressa da necessidade de fundamentação das decisões judiciais

---

12. LUCCA, Rodrigo Ramina de. **O dever de motivação das decisões judiciais.** 3 ed. rev. e atual. Salvador: Juspodivm, 2019, p. 117-118.
13. *"Nadie puede ser molestado en su persona, familia, domicilio, papeles o posesiones, sino en virtud de mandamiento escrito de la autoridad competente, que funde y motive la causa legal del procedimento."* ESTADOS UNIDOS MEXICANOS. **Constituição (1917)**. Constitucion politica de los estados unidos mexicanos de 5 de febrero de 1917.
14. "Art. 111 (...) Todas as providências jurisdicionais devem ser motivadas." ITÁLIA. **Constituição da República Italiana (1947)**. Edição em português. Senato della Repubblica. 2018. Disponível em: <http://www.areaseg.com/bib/29%20-%20Constituicao%20de%20Paises/Constituicao-Italia.pdf>. Acesso em: 23.07.2021.
15. *"Art. 120 (...) 3 Las sentencias serán siempre motivadas y se pronuciarán em audiência pública."* ESPANHA. **Constitución Española.** Tribunal Constitucional de España.
16. *"Artículo 233. Son garantías de la administración de justicia: (...) 4.- La motivación escrita de las resoluciones, em todas las instancias, con mención expresa de la ley aplicable y de los fundamentos em que se sustentan."* REPÚBLICA DO PERU. **Constitucion política del Perú de 1993**. Edição de 2011. Disponível em: <https://pdba.georgetown.edu/Constitutions/Peru/per93reforms05.html>. Acesos em 23.07.2021.
17. "Art. 205 (...) I – As decisões dos tribunais que não sejam de mero expediente são fundamentadas na forma prevista na lei." PORTUGAL. **Constituição da República Portuguesa (1976)** – Defende a independência nacional, garante os direitos fundamentais dos cidadãos, estabelece os princípios basilares da democracia e assegura o primado do Estado de Direito democrático.
18. Na redação original: "Art. 93. (...) IX – todos os julgamentos dos órgãos do Poder Judiciário serão públicos, e fundamentadas todas as decisões, sob pena de nulidade, podendo a lei, se o interesse público o exigir, limitar a presença, em determinados atos, às próprias partes e a seus advogados, ou somente a estes." E, após a Emenda Constitucional nº 45, de 2004: "Art. 93. (...) IX todos os julgamentos dos órgãos do Poder Judiciário serão públicos, e fundamentadas todas as decisões, sob pena de nulidade, podendo a lei limitar a presença, em determinados atos, às próprias partes e a seus advogados, ou somente a estes, em casos nos quais a preservação do direito à intimidade do interessado no sigilo não prejudique o interesse público à informação". BRASIL. Constituição (1988). **Constituição da República Federativa do Brasil**. Brasília, DF: Senado Federal: Centro Gráfico, 1988.
19. LUCCA, Rodrigo Ramina de. **O dever de motivação das decisões judiciais.** 3 ed. rev. e atual. Salvador: Juspodivm, 2019, p. 118.

na Constituição alemã, mas registra que, ainda na década de 50, o Tribunal Constitucional Federal alemão assentou que exceções ao dever de motivação seriam inconciliáveis com o princípio do Estado de Direito, do que se dessume que o dever de motivação, também na Alemanha após o regime nazista, tem proteção constitucional, ainda que de maneira implícita.

Vale destacar, ainda nessa análise do direito estrangeiro, que o dever de motivação é largamente difundido nas legislações ordinárias dos países ocidentais, por mais que eventualmente não tenha sido alavancado a norma constitucional, como ocorre, por exemplo, na própria Alemanha, além de Estados Unidos, Canadá, Suíça, Uruguai, Argentina, Chile e Colômbia[20].

Fato é que há clara correlação entre a imperiosidade de exposição das razões de decidir do juiz e a manutenção ou afirmação do Estado de Direito. A fundamentação das decisões judiciais é ponto central em que se apoia o Estado Constitucional, constituindo elemento inafastável do processo justo (art. 5º, LIV, CF)[21].

O rompimento com o regime absolutista, que alçava o poder estatal a uma categoria além do Direito[22], já determinou a necessidade de o exercício dos poderes estatais serem objeto de processos de legitimação. Os regimes autoritários do século XX, ademais, enfatizaram essa necessária busca por segurança jurídica e manutenção do *rule of law*.

Os poderes Executivo e Legislativo têm uma legitimação primária, por serem representação direta da vontade do povo. Ainda assim, não há como se negar a perene necessidade de manutenção das condições para exercício dos cargos eletivos, do que se extrai a necessidade de justificação dos eleitos, por meio de seus atos públicos, aos seus eleitores e até mesmo frente ao sistema jurídico. Essa justificação, no entanto, não é estritamente necessária nem formal

---

20. Idem, p. 117.
21. MARINONI, Luiz Guilherme. **Código de Processo Civil comentado**. Luiz Guilherme Marinoni, Sérgio Cruz Arenhart, Daniel Mitidiero. 6. ed. rev., atual. e ampl. São Paulo: Thomson Reuters, Brasil, 2020, p. 616.
22. Nesse sentido, vale registrar trecho de voto proferido pelo Min. Ricardo Lewandowski, no RE 575.144, quanto ao direito fundamental à motivação: "(...) constitui direito fundamental do cidadão, em especial na qualidade de jurisdicionado, o de conhecer a motivação das decisões judiciais, sob pena de retornar-se ao voluntarismo dos agentes estatais, expresso na conhecida frase dos monarcas absolutistas franceses, que justificavam seus atos assentando: '*ler oi le veut*.'" Cf BRASIL. Supremo Tribunal Federal. **Recurso Extraordinário nº 575.144**. Tribunal Pleno. Relator: Ricardo Lewandowski. Data de julgamento: 11.12.2008. Data de Publicação: 20.02.2009.

em todo e qualquer ato de exercício do poder, sendo mero reflexo do potencial controle de tais atos políticos.

Diferente é o Poder Judiciário, cuja legitimidade não ressai da escolha popular, mas decorre e, ao mesmo tempo, é decorrência do Estado de Direito. Do ponto de vista formal, decorre da formação estatal, porque seu poder de decidir advém do direito, e daí também sua legitimidade formal para resolver com força obrigatória os casos que lhe são submetidos; e é decorrência do Estado de Direito por este já não mais se colocar acima dos cidadãos, buscando sua legitimidade, na verdade, em cada ato proferido, por meio da justificação do exercício do seu poder com base no direito, e não pelo arbítrio de um poder supremo.

É nessa linha que Barbosa Moreira assenta que a justificação formal dos atos emanados do poder a que compete a tutela da ordem jurídica e dos direitos subjetivos constitui garantia inerente ao Estado de Direito[23]. E Nelson Nery Júnior vai além:

> "(...) A menção expressa da necessidade de motivação das decisões judiciais no texto constitucional não significa que somente se adotada semelhante regra pelo legislador constituinte é que terá validade e eficácia.
>
> Muito ao contrário, a motivação das decisões judiciais surge como manifestação do estado de direito, anterior, portanto, à letra da norma constitucional que a refira expressamente."[24]

O Estado de Direito exige que a interferência de um terceiro para resolução imparcial de conflitos seja justificada, a fim de que o império da norma e o poder estatal sejam exercidos de maneira controlável. A submissão de tal poder ao espectro normativo do sistema jurídico é a moldura de atuação dos juízes. Dentro desse espectro, o instrumento de materialização do poder – a decisão judicial – deve ser construído de maneira sólida, a partir de argumentos que representem a aplicação do direito de maneira íntegra, coerente e cognoscível.

A limitação do poder, característica ínsita ao *rule of law*, é justamente o fundamento principal do dever de motivação das decisões

---

23. BARBOSA MOREIRA, José Carlos. **A motivação das decisões judiciais como garantia inerente ao estado de direito.** Temas de direito processual – 2ª série. São Paulo: Saraiva, 1980.

24. NERY JÚNIOR, Nelson. **Princípios do processo na Constituição Federal**. 13. ed. rev., atual. e ampl. São Paulo: Revista dos Tribunais, 2017, p. 332.

judiciais. Como doutrina Cassio Scarpinella Bueno, "é por intermédio do exame da motivação das decisões, da sua correção, da sua suficiência, da sua completude e da sua adequação, que se viabilizará o efetivo controle da atividade jurisdicional"[25].

Somente se a decisão for construída por meio de exposição de razões que faça sentido nos termos das regras do jogo, definidas previamente pelo ordenamento jurídico[26], é que os destinatários dessa norma individualizada (ou até generalista, a depender do que se julga) poderão controlar o exercício do poder do Estado. A exigência de justificação, portanto, representa a concretização da limitação do poder e do seu consequente controle.

Nesse contexto é que se insere a busca pela formatação dessa motivação como algo que concretamente atende ao seu fim, servindo como garantia inerente ao Estado de Direito, pela possibilidade de ser controlável. E essa verificação ocorrerá sempre por meio da análise do modo como foi construída a decisão judicial, razão pela qual se aborda, aqui, todo o problema sob a ótica do dever de motivação, e não do direito fundamental à motivação das decisões judiciais. Essa análise passa necessariamente pelo modo como é posto o conteúdo das razões efetivamente expostas[27].

1.2. MOTIVAÇÃO COMO DEVER E SEUS REFLEXOS ENDOPROCESSUAIS E EXTRAPROCESSUAIS

A abordagem que se levará a efeito nesta investigação, embora não pretenda conter rigor excessivo quanto ao uso da expressão "direito" ou "dever" em referência à motivação, terá por enfoque a avaliação

25. BUENO, Cassio Scarpinella. **Curso sistematizado de direito processual civil**. 5. ed. São Paulo: Saraiva Educação, 9. ed., 2018, p. 147.

26. Não se afasta, aqui, a ideia do poder criativo dos juízes, sobre o que ainda se abordará neste estudo, nem se pretende trazer uma visão estritamente positivista do direito. A menção refere-se apenas à necessidade de aplicação do direito conforme razões jurídicas, e não submetidas ao puro arbítrio do julgador. Sobre isso, na perspectiva da fundamentação das decisões judiciais, cf. NETO, Nagibe de Mello Jorge. **Uma teoria da decisão judicial: Fundamentação, legitimidade e justiça**. 2 ed. rev. e atual. Salvador: Juspodivm, 2019, p. 51-63.

27. Veja que, tanto aqui quanto ao longo desta investigação, parte-se da ideia de que a avaliação tem de se dar em face da decisão posta. Para efeitos jurídicos, importam as razões efetivamente expostas nas decisões judiciais, e não as razões internas que levaram o julgador a resolver por um caminho ou outro. Estas, inseridas no chamado contexto da descoberta, e não no campo da justificação, são de difícil aferição concreta, estando certamente mais amparadas pelos estudos sociológicos e filosóficos. A razão exposta, diferentemente, é passível de apreciação, controle e é o que efetivamente gera efeitos jurídicos.

do instituto sob a ótica do dever estatal, porque o objeto em estudo partirá sempre da expressão do poder e do modo como ele se perfaz a fim de atender ao direito correlato.

Nesse sentido, é adequado mencionar a correlação simplória entre deveres e direitos como sucedâneo da lógica interpretativa do direito: a um direito corresponde um dever comissivo ou omissivo (de abstenção de intervenção) do Estado ou de terceiro.

É verdade que o dever constitucional de motivação das decisões judiciais encontra substrato no direito fundamental de que seus destinatários (diretos ou indiretos) conheçam as razões pelas quais se submeterão a determinado comando judicial, na garantia de que terão possibilidades de se defenderem (ou recorrerem) dos argumentos expostos pelos julgadores e na busca pela preservação da autoridade judicial como reflexo do Direito, e não do arbítrio.

A avaliação da fundamentação no contexto da jurisdição constitucional, no entanto, atrai a análise para uma vertente organicista que aproxima a discussão mais do campo da tripartição dos poderes, da argumentação e hermenêutica jurídicas e das discussões acerca da última palavra no sistema político-jurídico do que da verificação dos efeitos endoprocessuais entre partes e interessados diretos na tutela judicial.

A ausência de delimitação da ótica de abordagem mais voltada ao dever que ao direito de motivação não tornaria impossível a compreensão do estudo, mas é pertinente a presente alocação no início do texto para que a condução dos argumentos e pontos de inflexão siga nessa linha de ideias, com a ciência de que o estudo da fundamentação das decisões da jurisdição constitucional, na perspectiva aqui alinhavada, traz mais problemas no que atine aos aspectos extraprocessuais que aos efeitos internos nas respectivas demandas judiciais.

De todo modo, antes, é preciso explorar esses efeitos da fundamentação para dentro e para fora das relações processuais.

Michele Taruffo[28] aduz que, perante as partes do processo, justifica-se a necessidade de fundamentação em favor da persuasão das partes e seus advogados quanto à apreciação das teses arguidas; da viabilização da apresentação de impugnações e recursos; e da indivi-

28. TARUFFO, Michele. **A motivação da sentença civil**. Tradução de Daniel Mitidiero, Rafael Abreu e Vitor de Paula Ramos. São Paulo: Marcial Pons, 2015, p. 202-234.

dualização do dispositivo da decisão judicial a permitir a determinação do seu exato conteúdo. Em linha bastante semelhante, José Rogério Cruz e Tucci[29] assevera como funções endoprocessuais da fundamentação a legitimação da conclusão do ato decisório a favor do próprio julgador, a persuasão da parte derrotada e a permissão do controle crítico da dimensão volitiva manifestada pelo juiz, favorecendo até mesmo o órgão *ad quem* quando de eventual análise recursal[30].

Em termos exógenos, a fundamentação serve ao enriquecimento e à uniformização da jurisprudência, à efetividade do direito de defesa das partes, à independência e à imparcialidade do juiz[31]. Viabiliza-se, assim, nas palavras de Fredie Didier Junior, "o controle da decisão do magistrado pela via difusa da democracia participativa, exercida pelo povo em cujo nome a sentença é pronunciada"[32].

Em relações jurídicas que não envolvam restrições a direitos fundamentais, a dicotomia entre efeitos internos e externos da fundamentação tem maior aplicação, porque as relações se desenvolvem de maneira direta com efeitos jurídicos que têm baixo potencial de transbordar os interesses colididos. Efeitos endoprocessuais e extraprocessuais, no caso, estão mais equilibrados, nos moldes da dicotomia aqui conceituada. As decisões judiciais fundamentam-se, nesses casos, em normas jurídicas cujas interpretações servem às características básicas de persuasão, controle e enriquecimento jurisprudencial, o que justifica a definição de efeitos da fundamentação para dentro e para fora do processo.

Numa perspectiva de processo democrático, atrelada ao constitucionalismo contemporâneo e à teoria dos direitos fundamentais processuais, Daniel Mitidiero[33] afasta a utilização da expressão "extra-

29. TUCCI, José Rogério Cruz e. Ainda sobre a nulidade da sentença imotivada. **Revista de Processo**, São Paulo, ano 14, v. 56, p. 223-233, out. 1989. p. 223.
30. Nessa mesma linha de ideias, Eduardo Cambi assevera que o dever de motivação serve como garantia contra o arbítrio; como garantia contra a influência de pontos de vista subjetivos; para os litigantes e interessados obterem conhecimento sobre os fundamentos da decisão e, se necessário, para que possam formular recurso da decisão; para gerar maior previsibilidade e segurança jurídica. Cf. CAMBI, Eduardo. **Neoconstitucionalismo e neoprocessualismo**: Direitos fundamentais, políticas públicas e protagonismo judiciário. 2a. ed. São Paulo: Almedina, 2018. p. 436.
31. TUCCI, José Rogério Cruz e. **Ainda sobre a nulidade da sentença imotivada**. Revista de Processo, São Paulo, ano 14, v. 56, p. 223-233, out. 1989. p. 224.
32. DIDIER JR., Fredie. **Curso de direito processual civil**. 12. ed. Salvador: Juspodivm, 2017. v. 2, p. 357.
33. MITIDIERO, Daniel. **Colaboração no Processo Civil – Pressupostos Sociais, Lógicos e Éticos**. São Paulo: Revista dos Tribunais, 2009, p. 137, nota 23.

processual", porque, segundo o autor, em nada auxilia a compreensão do dever de motivação. Se o dever de motivação está inserto na ideia do direito fundamental a um processo justo, não poderia ter a alcunha de efeito extraprocessual. A transcendência ao interesse das partes envolvidas, como elemento de legitimação democrática, não justificaria, portanto, a pecha de "extraprocessual"[34].

O que se revela, em verdade, é a dificuldade em se classificar os efeitos da fundamentação do julgado para dentro e para fora do processo, se é que há tais efeitos exógenos ao processo.

Aqui, entende-se que não pode ser negada a existência de efeitos diretos e indiretos da motivação das decisões judiciais. Essa classificação – entre efeitos diretos e indiretos – parece mais consentânea com a indissociabilidade dos efeitos da fundamentação num processo moderno baseado em direitos fundamentais e inexoravelmente aliado ao princípio democrático, como bem alertado por Mitidiero[35].

É que, mesmo existindo efeitos que ecoam com mais ênfase para fora da relação processual estabelecida, não se pode negar que tais efeitos guardam relação intrínseca com a própria legitimidade do processo. Também não se pode refutar que a fundamentação terá por intenção primeva a relação jurídico-processual estabelecida, razão pela qual os efeitos da motivação somente se tornam palpáveis ao ambiente exterior de modo indireto ou reflexo.

Qualquer classificação que se adote converge no ponto em que a fundamentação das decisões judiciais teêm reflexos para além dos casos julgados, sobretudo quando estão em jogo a tutela de direitos fundamentais e a proteção da constituição. Os efeitos indiretos, extraprocessuais e políticos da fundamentação judicial, nessa seara, são potencializados em face das características universalistas dos direitos

---

34. Nessa linha, acrescenta Daisson Flach, em tese de doutorado apresentada à Faculdade de Direito da Universidade Federal do Rio Grande do Sul, que a dicotomia entre efeitos endo e extraprocessuais da fundamentação não seria adequada, porque haveria uma relação de complementaridade entre a função política e a função técnico-processual da motivação, e não de exclusão entre os efeitos, como exsurge da classificação de Taruffo. Flach propõe, então, que a classificação de Taruffo seja substituída por uma dupla função da motivação: dialética ou de contraditório (efeito endoprocessual) e política (efeito extraprocessual). Cf. FLACH, Daisson. **Dever de motivação das decisões judiciais na jurisdição contemporânea.** Tese (Doutorado em Direito) – Faculdade de Direito da Universidade Federal do Rio Grande do Sul, Porto Alegre, 2012. Disponível em: <https://bdtd.ibict.br/vufind/Record/URGS_8697483e4e54d52c0df15f7d32d13960>. Acesso em: 24/06/2021.

35. MITIDIERO, Daniel. **Colaboração no Processo Civil – Pressupostos Sociais, Lógicos e Éticos.** São Paulo: Revista dos Tribunais, 2009, p. 137, nota 23.

fundamentais e, principalmente, em razão da existência de tutela da constituição enquanto vértice de todo o ordenamento jurídico (princípio da supremacia constitucional). Tais efeitos, nesses casos, revelam-se potencialmente mais importantes – porque mais problematizados – que os efeitos diretos da fundamentação da decisão judicial, pois é sob essa perspectiva que se permite o controle político da atuação do Poder Judiciário.

Quando a jurisdição constitucional expressa poder, o dever de motivação termina por refratar a dicotomia entre os aqui chamados efeitos diretos e indiretos, tendo em vista que as posições firmadas terminam por representar o modo como pensa o tribunal, o modo como se interpreta a carta magna, o sentido que se dá ao direito fundamental em jogo.

Nesse caso, o valor segurança jurídica, fortemente ligado à ideia de cognoscibilidade e estabilidade decorrentes das decisões judiciais, vincula-se ao porquê da decisão judicial. A concretização normativa no bojo das fundamentações de decisões judiciais, nessa toada, visa às exigências de determinabilidade, clareza e fiabilidade da ordem jurídica[36], atuando a segurança jurídica, nas palavras de Welder Queiroz dos Santos, "com a finalidade de garantir o estado ideal de previsibilidade de comportamento do Estado perante os atos dos seus cidadãos."[37]

A motivação insere-se, então, numa simbiose entre os efeitos internos e externos, ao que se propõe uma prevalência, do ponto de vista do controle jurídico-político da atuação do Poder Judiciário, das formações jurídicas consequenciais à decisão avaliada.

Nesse contexto, afirma-se, quanto aos efeitos, o caráter difuso da fundamentação das decisões judiciais exaradas pela jurisdição constitucional, que gera, para além da sua função dialética, reflexos no ordenamento jurídico como um todo, guiando a atuação judicial subsequente, munindo a atuação social e interferindo nas decisões políticas do Estado. Este último ponto é nevrálgico para a análise da fundamentação das decisões judiciais aqui proposta.

---

36. CANOTILHO, José Joaquim Gomes de. **Direito constitucional e teoria da Constituição**. 7. ed. Coimbra: Almedina, 2003, p. 258.

37. Santos, Welder Queiroz dos. **Ação rescisória por violação a precedente**. 2018. 297 f. Tese (Doutorado em Direito) – Programa de Estudos Pós-Graduados em Direito, Pontifícia Universidade Católica de São Paulo, São Paulo, 2018, p. 42.

Verifica-se, portanto, que os efeitos da motivação das decisões judiciais, quando o objeto de apreciação envolve análise constitucional, notadamente na tutela de direitos fundamentais, tornam-se difusos a conjugam-se como motores que servem (ou precisam servir) à manutenção do Estado de Direito[38] e do princípio democrático, com ênfase para a legitimação da atuação do Judiciário na definição racional dos problemas judicializados.

O reconhecimento de efeitos endoprocessuais e exoprocessuais relacionados à fundamentação de decisões (ou a sua ausência) denota a importância formal desse elemento para a legitimidade das decisões. No entanto, referida legitimidade também se apoia em aspectos materiais, ou seja, ao conteúdo da fundamentação, conduzindo, portanto, ao debate sobre a densificação normativa do dever de motivação.

A concretização normativa do conteúdo desse dever, por sua vez, passa pela definição daquilo que se exige para que se considere uma decisão fundamentada, em conformidade aos ideais do Estado de Direito. Essa concretização normativa deverá ser extraída seja das constituições - normalmente lacônicas quanto ao tema - seja da legislação processual, que, no Brasil, tem se debruçado fortemente em busca da limitação das possibilidades de fundamentações insuficientes.

1.3. A LIQUIDEZ FORMAL DO DEVER E A (RE)AFIRMAÇÃO DA MOTIVAÇÃO MATERIAL NO CPC

A obrigação de motivação das decisões judiciais consta no texto constitucional brasileiro[39] de forma lacônica no art. 93, X, da Carta: as decisões judiciais devem ser motivadas, sob pena de nulidade. À legislação infraconstitucional restou a tarefa de definir parâmetros para a aferição de suficiência da fundamentação utilizada em consonância com o fim pretendido pela norma constitucional.

O Código de Processo Civil de 1973 (CPC/73), cuja vigência perdurou até março de 2016, não parece ter preenchido minimamente o conteúdo do dever de fundamentação. Afora diversas menções à

---

38. GOMES FILHO, Antônio Magalhães. **A motivação das decisões penais.** São Paulo: Revista dos Tribunais, 2001, p. 51-52.
39. E assim também o foi em diversos outros textos constitucionais estrangeiros, como se viu em tópico precedente.

necessidade de o juiz proferir "decisão fundamentada" em casos específicos tratados no código, a codificação anterior previa basicamente, sobre o tema, que as sentenças e os acórdãos teriam como requisito essencial a fundamentação, em que o juiz analisaria as questões de fato e de direito[40]; e que as demais decisões também seriam fundamentadas, ainda que de modo conciso[41].

Muito pouco dizia sobre o dever de fundamentação a legislação brasileira. Basicamente a normatização era no sentido de que deveria haver motivação, mas nada se dizia a respeito da forma ou da qualidade dessa fundamentação. Não havia qualquer *standard* para auxiliar partes e julgadores na definição da sanção fixada constitucionalmente de nulidade da sentença que não fosse motivada.

É nesse ponto que se sugere como pertinente classificar a motivação em formal e material[42]. As normas constitucionais e infraconstitucionais, até o advento do Código de Processo Civil vigente (CPC/2015), exigiam basicamente que houvesse formalmente fundamentação.

E foi justamente por conta dessa liquidez formal do dever de motivação que se verificaram situações como (i) "decisões exegéticas", que se limitavam a reproduzir normas legais, sem realizar qualquer vinculação com o caso concreto; (ii) decisões que simplesmente acolhiam integralmente argumentos de uma das partes; (iii) decisões que meramente reaplicavam jurisprudência, sem qualquer vinculação argumentativa ao caso apreciado; (iv) decisões que empregavam princípios e conceitos jurídicos indeterminados sem explicação do motivo de suas incidências no caso concreto.

À jurisprudência restou a definição, caso a caso, de situações em que o cumprimento da formalidade não era suficiente para alcançar materialmente a determinação de justificação das decisões judiciais.

---

40. Art. 458. São requisitos essenciais da sentença: I – o relatório, que conterá os nomes das partes, a suma do pedido e da resposta do réu, bem como o registro das principais ocorrências havidas no andamento do processo; II – os fundamentos, em que o juiz analisará as questões de fato e de direito; III – o dispositivo, em que o juiz resolverá as questões, que as partes lhe submeterem. BRASIL. **Lei nº 13.105, de 16 de março de 2015.** Institui o Código de Processo Civil. Diário Oficial da União, Brasília, 17 mar. 2015.

41. Art. 165. As sentenças e acórdãos serão proferidos com observância do disposto no art. 458; as demais decisões serão fundamentadas, ainda que de modo conciso. *Ibidem.*

42. Nelson Nery Junior, na mesma linha, aduz que a "fundamentação tem implicação *substancial* e não meramente formal". Cf. NERY JÚNIOR, Nelson. **Princípios do processo na Constituição Federal.** 13. ed. rev., atual. e ampl. São Paulo: Revista dos Tribunais, 2017, p. 334.

Alguns exemplos comprovam isso. Antes do advento do atual Código de Processo Civil (CPC), o STF avaliou casos do (des)cumprimento da exigência constitucional de motivação, afirmando a infração ao dever de motivação (i) na decisão que afirmava que a alegação deduzida pela parte seria inviável juridicamente, por não retratar a verdade dos compêndios legais, pois seriam ilações que se prestariam a justificar qualquer outra decisão[43]; (ii) na decretação de prisão preventiva com base em razões abstratas[44] ou apenas pela reprodução de dispositivos do Código de Processo Penal (CPP)[45]; (iii) na decisão a que se deu publicidade somente da certidão de julgamento, sem exposição das razões que levaram à conclusão do órgão julgador[46]. Elpídio Donizetti também cita, como exemplos de decisões que não atendem materialmente à exigência de fundamentação as que se resumem a dizer: "Em razão do disposto no art. X, indefiro o pedido"; "Restou caracterizado o abuso do direito de defesa ou o manifesto propósito protelatório da parte, razão pela qual defiro a medida pleiteada."[47]

Em todos esses casos, é possível dizer que há algum fundamento na decisão. Essa motivação, no entanto, não preenche minimamente o que materialmente exigem a constituição e o Estado de Direito como dever do juiz e direito fundamental das pessoas.

Nessa mesma direção, o STF já se manifestou de modo bastante didático ao enunciar que o juiz deve enfrentar as matérias alegadas pelas partes, "sob pena de, em vez de examinar no todo o conflito de interesses, simplesmente decidi-lo, em verdadeiro ato de força, olvidando o ditame constitucional da fundamentação"[48]. Interessante, nesse ponto, a distinção sutil entre "decisão" e "exame". Não existe decisão judicial válida se não houver efetivo e externo (aquele que é

43. BRASIL. Supremo Tribunal Federal. **Recurso Extraordinário nº 217.631.** Relator: Sepúlveda Pertence, Primeira Turma. Data de julgamento: 09.09.1997. Data de Publicação: 24.10.1997.

44. BRASIL. Supremo Tribunal Federal. **Habeas Corpus 84311.** Tribunal Pleno. Relator: Cezar Peluso, Segunda Turma. Data de Julgamento: 03.04.2007. Data de Publicação: 08.06.2007.

45. BRASIL. Supremo Tribunal Federal. **Habeas Corpus 98006.** Tribunal Pleno. Relator: Ayres Britto, Primeira Turma. Data de Julgamento: 24.11.2009. Data de Publicação: 05.02.2010.

46. BRASIL. Supremo Tribunal Federal. **Recurso Extraordinário nº 575.144**. Tribunal Pleno. Relator: Ricardo Lewandowski. Data de julgamento: 11.12.2008. Data de Publicação: 20.02.2009.

47. DONIZETTI, Elpídio. **Novo Código de Processo Civil comentado**. 2a. ed. São Paulo: Atlas, 2017. p. 620.

48. BRASIL. Supremo Tribunal Federal. **Recurso Extraordinário nº 435.256.** Relator: Marco Aurélio, Primeira Turma. Data do Julgamento: 26.05.2009. Data de Publicação: 21.08.2009.

formalizado na decisão, e não se passa somente no juízo interno do julgador) exame das questões postas a julgamento.

A aludida liquidez formal do dever de motivação também resultou em decisões dissonantes da ideia acima manifestada pelo Supremo. O Superior Tribunal de Justiça, por exemplo, já entendeu, ainda sob a égide do CPC/73, que apenas seria intolerável a ausência de fundamentação, sendo permitida ao juiz a reprodução de fundamentos declinados pelas partes[49-50].

A motivação, aqui alcunhada de material, é a que o legislador preconizou com o advento do CPC, justamente com o fim de preencher o conteúdo do dever constitucional de motivação e de afastar (ou amenizar) as já enunciadas pseudofundamentações comuns na prática judicial.

Inicialmente, no art. 11[51], o CPC replica a previsão constitucional de que as decisões devem ser fundamentadas, sob pena de nulidade. Depois, ao repetir os elementos[52] da sentença como relatório, fundamentação e dispositivo, o código vai além e traz, enfim, um preenchimento normativo do dever de fundamentação, ao elencar situações em que qualquer decisão judicial, seja ela interlocutória, sentença ou acórdão, será considerada não fundamentada:

> Art. 489 (...)
>
> § 1º Não se considera fundamentada qualquer decisão judicial, seja ela interlocutória, sentença ou acórdão, que:
>
> I – se limitar à indicação, à reprodução ou à paráfrase de ato normativo, sem explicar sua relação com a causa ou a questão decidida;

---

49. BRASIL. Superior Tribunal de Justiça. **Embargos de Divergência em Recurso Especial nº 1.021.851/SP.** Relator: Benedito Gonçalves. Data de Julgamento: 13.06.2018. Data de Publicação: 19.06.2018.

50. Não obstante, mais recentemente, revendo, ao que tudo indica, tal inconsistente orientação à luz da mens legis, inserida no supra referido artigo 489 do Código de Processo Civil, a 3ª Seção do Superior Tribunal de Justiça, no julgamento dos Embargos de Divergência n. 1.384.669-RS, com voto condutor do ministro Nefi Cordeiro, reconheceu a nulidade do acórdão recorrido, ao determinar, à unanimidade de votos, o rejulgamento do recurso pelo tribunal de origem, que havia simplesmente adotado, como razões de decidir, os termos de parecer lançado pelo Ministério Público, sem qualquer adendo dos integrantes da respectiva turma julgadora. BRASIL. Superior Tribunal de Justiça. **Embargos de Divergência em Recurso Especial nº 1.384.669/RS.** Relator: Nefi Cordeiro. Data do Julgamento: 28.08.2019. Data da Publicação: 02.09.2019.

51. Art. 11. Todos os julgamentos dos órgãos do Poder Judiciário serão públicos, e fundamentadas todas as decisões, sob pena de nulidade. Parágrafo único. Nos casos de segredo de justiça, pode ser autorizada a presença somente das partes, de seus advogados, de defensores públicos ou do Ministério Público.

52. Antes, chamados de "requisitos essenciais" pelo art. 458 do CPC/73.

> II – empregar conceitos jurídicos indeterminados, sem explicar o motivo concreto de sua incidência no caso;
>
> III – invocar motivos que se prestariam a justificar qualquer outra decisão;
>
> IV – não enfrentar todos os argumentos deduzidos no processo capazes de, em tese, infirmar a conclusão adotada pelo julgador;
>
> V – se limitar a invocar precedente ou enunciado de súmula, sem identificar seus fundamentos determinantes nem demonstrar que o caso sob julgamento se ajusta àqueles fundamentos;
>
> VI – deixar de seguir enunciado de súmula, jurisprudência ou precedente invocado pela parte, sem demonstrar a existência de distinção no caso em julgamento ou a superação do entendimento.

Esse dispositivo densifica o dever constitucional de motivação, afasta a suficiência da motivação formal e solidifica a ideia de que o processo civil se constitui como uma comunidade argumentativa de trabalho, cabendo às partes formular alegações específicas e dialogar na instrução probatória e aos juízes o dever de fundamentação analítica em suas decisões[53].

Afastam-se a (i) fundamentação abstrata, que não justifica a relação do direito com o caso concreto analisado; (ii) a utilização de conceitos jurídicos indeterminados de maneira vaga, sem a definição dos seus contornos por meio de argumentos que tornem coerente a aplicação no caso analisado; (iii) a decisão não singularizada, que traz motivos genéricos e aplicáveis a qualquer outro caso; (iv) a avaliação judicial que não atender ao dever de debate pelo enfrentamento de todos os argumentos relevantes ao deslinde do caso[54]; (v) a fundamentação calcada apenas na reprodução de precedentes, que "não patrocina efetivo processo de identificação de razões e de demonstração da pertinência da *ratio decidendi* com o caso concreto"[55]; (vi) a motivação

53. MARINONI, Luiz Guilherme. **Código de Processo Civil comentado**. Luiz Guilherme Marinoni, Sérgio Cruz Arenhart, Daniel Mitidiero. 6. ed. rev., atual. e ampl. São Paulo: Thomson Reuters, Brasil, 2020, p. 616.

54. O STJ, mesmo na vigência do CPC, tem se manifestado no sentido de que o julgador não está obrigado a responder a todas as questões suscitadas pelas partes, quando já tenha encontrado motivo suficiente para proferir a decisão. Entre outros, cf. BRASIL. Superior Tribunal de Justiça. **Embargos de Declaração no Agravo Regimental nos Embargos de Divergência em Recurso Especial nº 1.483.155/BA**. Corte Especial. Relator: Og Fernandes. Data de Julgamento: 15.06.2016. Data de Publicação: 03.08.2016.

55. MARINONI, Luiz Guilherme. **Código de Processo Civil comentado**. Luiz Guilherme Marinoni, Sérgio Cruz Arenhart, Daniel Mitidiero. 6. ed. rev., atual. e ampl. São Paulo: Thomson Reuters, 2020, p. 618.

infiel ao precedente, que deixa de seguir uma das principais orientações do CPC, atinente à uniformização de jurisprudência de maneira estável, íntegra e coerente[56], não justificando eventual inaplicabilidade de precedente, em tese, aplicável ao caso, ou a sua superação.

A reafirmação do dever de motivação material extraído da constituição é complementada pelo art. 1.022, que formaliza como omissa qualquer decisão que incorrer nas condutas vedadas pelo art. 489, § 1º, permitindo a oposição de recurso de embargos de declaração para correção do problema da falta de fundamentação suficiente da decisão.

A concretização do dever de fundamentação das decisões judiciais esbarrará sempre em fluidez inata às ideias de argumentação jurídica, dialeticidade, racionalidade, justiça, dentre outras. Essa liquidez formal do dever de motivação vem sendo preenchida pela doutrina, jurisprudência e lei ao longo do tempo, tendo o CPC inserido mais uma importante ferramenta nessa direção, ao confirmar a motivação material pela fixação de alguns *standards* que tendem a auxiliar a solidificação da fundamentação das decisões no Brasil, ou, ao menos, auxiliar o controle de tais decisões.

1.4. CONTEÚDO JURÍDICO DO DEVER CONSTITUCIONAL DE MOTIVAÇÃO: (MAIS UMA) PROPOSTA DE DENSIFICAÇÃO

O preenchimento do conteúdo jurídico de normas constitucionais revela-se como fator de racionalização de sua aplicação, a bem da segurança jurídica, da estabilidade do direito. É certo que a ciência jurídica não parece ser vocacionada a formulações matemáticas concretas infalíveis. A natureza de ciência humana, tendo como instrumento formal a linguagem e objeto material relações jurídicas, parece afastar a ideia de que seria possível buscar caminhos estáticos para alcance de soluções perfeitas, aplicáveis uniformemente a quaisquer casos.

A busca pela densificação de conceitos jurídicos por meio de formulações teóricas, no entanto, é tarefa do hermeneuta e representa justamente a busca pela máxima objetivação das relações apreciadas, sem que se negue o subjetivismo inato a determinados institutos jurídicos.

---

56. Art. 926. Os tribunais devem uniformizar sua jurisprudência e mantê-la estável, íntegra e coerente. BRASIL. **Lei nº 13.105, de 16 de março de 2015**. Institui o Código de Processo Civil. Diário Oficial da União, Brasília, 17 mar. 2015.

No que tange ao dever de motivação, como tantas outras normas jurídicas constitucionais que demandam concretização formal e material, a busca pela definição de parâmetros positivos ou negativos é tarefa secular. Os estudos sobre linguística, argumentação, racionalidade, ponderação e a hermenêutica, de um modo geral, caminham em diversas direções. Sobre esses pontos transitará o capítulo seguinte deste trabalho. Aqui, a busca é pela definição de um possível contorno jurídico ao dever de motivação que auxilie a formulação dos motivos válidos segundo a ordem vigente e permita também a realização de controle de tais atos judiciais.

A fixação de caracteres jurídicos específicos, *standards*, condições, requisitos tende a diminuir a típica fluidez do conceito jurídico. A (proposta de) densificação normativa não significa objetivação ou matematização da aplicação da norma jurídica, mas auxílio ao intérprete e aplicador no sentido da otimização de sua aplicação e alcance, sendo pertinente tal alocação neste ponto do presente estudo para que, assim, seja possível conduzi-lo rumo à potencialização do problema a ser verificado no exercício da jurisdição constitucional.

1.4.1. Requisitos causais e consequenciais mínimos: contraditório, ampla defesa, imparcialidade e maturação processual

A fundamentação das decisões judiciais deve ser fruto de um processo justo e isso deve vir refletido nas razões utilizadas para expressão do poder. As garantias constitucionais do processo são condições para que a decisão seja proferida com validade. A exposição de razões deve vir precedida de tais garantias e deve permitir a continuidade de tais direitos e garantias constitucionais. Isso porque as decisões nem sempre encerram definitivamente uma relação jurídica, de modo que devem permitir também que os direitos processuais continuem a ser exercidos dali em diante, em instâncias superiores ou até mesmo no mesmo processo e junto ao mesmo juízo decisório.

Segundo Welder Queiroz dos Santos, o fundamento jurídico-político dos demais princípios fundamentais do processo decorre "da contraposição dialética das partes em litígio para o alcance de finalidades superiores de ordem objetiva, como interesse público, a verdade e a atuação da justiça substancial"[57].

57. SANTOS, Welder Queiroz dos. **Princípio do contraditório e vedação de decisão surpresa**. 1. ed. Rio de Janeiro: Forense, 2018, p. 52.

É por isso que as garantias da imparcialidade, do contraditório e da ampla defesa são substratos causais do dever de motivação. Numa primeira análise, são requisitos extrínsecos, porque provém da relação processual estabelecida e de seu trâmite, representando condição externa à decisão que permite que ela seja proferida com a isenção esperada do julgador e após a possibilidade de diálogo construtivo entre as partes para exposição de teses e antíteses, juntamente à demonstração probatória das alegações.

As garantias constitucionais não integram necessariamente o conteúdo formal das decisões no que tange ao dever de motivação, sendo condicionantes que, em verdade, permitem o exercício da fundamentação das decisões judiciais.

Num outro viés, tais garantias funcionam de maneira intrínseca ao julgamento proferido, pois a motivação das decisões judiciais também deve se ater à permissividade de que os atores processuais sigam com tais proteções constitucionais. Uma decisão precisa ser clara e coerente, entre outras coisas, para garantir o contraditório e a ampla defesa em face dessa decisão, bem como para evitar que obscuridades eventualmente levantem suspeitas sobre a parcialidade do juiz.

Sob esse prisma, trata-se de condições consequenciais da fundamentação das decisões judiciais, porque, a depender do modo como se formaliza o ato de decidir, este pode terminar por ofender garantias constitucionais latentes, com vieses *pro futuro* na relação jurídico-processual.

Outro requisito aqui elencado é a maturação processual: a fundamentação de uma decisão judicial não pode ser fruto de um processo imaturo para decisão sobre determinado ponto. Não há como o julgador expor razões para seguir em uma ou outra direção se a relação processual não indicar que o objeto discutido foi maturado a ponto de permitir que as razões sejam também fruto do necessário cotejo analítico da relação entre fatos e direito – exposta em tópico seguinte.

Se não há maturação processual, o que se observa pela instrução processual e pelo respeito às regras do jogo (presunções, preclusões, distribuição de ônus probatório, por exemplo), não há como a fundamentação judicial ser válida, pois lhe faltará o requisito causal da maturidade processual.

Vale destacar, nesse ponto, que o requisito da maturação processual não se vincula à ideia de transcurso temporal ou a um iter procedimental avançado do processo. Maturação não se relaciona necessariamente a um processo em fase final, para sentença ou acórdão. O requisito aplica-se, inclusive, às decisões proferidas em cognição sumária, cautelares, antecipadas e antecedentes. A maturação processual exigida é a determinada pela lei, conforme as regras do jogo.

Ao mesmo tempo em que careceria do requisito causal para uma válida fundamentação uma sentença proferida em processo sem instrução probatória, numa discussão que naturalmente inspirasse a exigência de produção de provas, assim também pecaria uma decisão concedendo tutela provisória sem que houvesse a mínima demonstração das alegações do requerente, a comprovar a plausibilidade do direito alegado, por mais que houvesse a manifesta comprovação da urgência de uma medida judicial. Não haveria maturação processual, também, a permitir a fundamentação válida da decisão judicial, caso houvesse a possibilidade/necessidade de intimação prévia da parte contrária para contraditar informações e documentos, sem o perecimento do direito do autor, e isso não fosse feito.

A maturação processual, portanto, representa a possibilidade de a decisão ser proferida, no estágio em que o processo se encontra, segundo as regras materiais e processuais, de modo que os fundamentos do julgador sejam calcados em substrato fático e jurídico que permitam o seu válido exercício, seja para a concessão de uma tutela de urgência, uma decisão incidental ao mérito ou mesmo para que seja proferida uma sentença terminativa ou de mérito no caso apreciado.

Nesse contexto é que o dever de motivar deve ser fruto de um processo justo, com observância do contraditório, da ampla defesa e da imparcialidade, pronto a ser exercido quando houver maturidade processual para tanto. Essas garantias, ademais, devem ser resguardadas no próprio conteúdo decisório, que não pode ser externado formalmente em afronta a tais exigências constitucionais. Como causa ou consequência, trata-se de requisitos de validade que também se inserem na definição do conteúdo do dever de motivação das decisões judiciais.

Apesar da pertinência da alocação acima aduzida, sozinhos, esses requisitos são incipientes para a concretização pretendida, porque servem, no fim das contas, como condição de validade de todo o processo, e não somente do dever de motivação, razão pela qual a eles devem ser agregados os itens seguintes.

1.4.2. Condições mínimas textuais: clareza, coerência e cotejo analítico da relação fato-direito

O caráter essencialmente argumentativo do direito faz com que a linguagem seja o instrumento de sua manifestação. Clareza e coerência na exposição de ideias são elementos fundamentais da exposição do raciocínio jurídico, especialmente quando se revelam na decisão judicial, expressão de poder que resolve sobre situações jurídicas normalmente controvertidas.

A motivação deve ser inteligível, permitindo a compreensão e trazendo razões que demonstrem inequivocamente o porquê do concluído na decisão judicial[58]. A clareza afasta justamente a obscuridade que desafia os embargos de declaração no processo civil brasileiro. A exposição de razões para decidir pode ser concisa ou prolixa, pode apresentar dados estatísticos, doutrina, jurisprudência. Clareza não se confunde com concisão ou mesmo com objetividade[59]. Esses parecem aspectos que podem qualificar uma decisão judicial, mas não necessariamente retiram sua clareza. Podem ser aspectos de estilo textual e podem ser aspectos necessários ao enfrentamento de um caso apreciado.

Justificações claras são aquelas que fazem a relação entre fatos e direito ser compreendida, passíveis de exercício do contraditório e da ampla defesa. A complexidade do objeto apreciado pode ora exigir decisões prolixas, com bastantes enfrentamentos doutrinários e jurisprudenciais sobre os assuntos apreciados ou pode eventualmente tornar esses artifícios totalmente despiciendos à análise do caso e à compreensão do destinatário da decisão.

O que define a clareza de uma justificação é o enfrentamento dos pontos discutidos de maneira direta, sem artifícios linguísticos que dificultem a sua compreensão, como se daria com a utilização

---

58. TUCCI, José Rogério Cruz e. **A Motivação da sentença no processo civil.** São Paulo: Saraiva, 1987, p. 20.

59. Em sentido sutilmente distinto, Rodrigo Ramina de Lucca assevera que decisões judiciais não devem ter inoportunas citações doutrinárias e excessivas citações jurisprudenciais, devem ser objetivas e não devem ser prolixas. Cf. LUCCA, Rodrigo Ramina de. **O dever de motivação das decisões judiciais.** 3 ed. rev. e atual. Salvador: Juspodivm, 2019, p. 215-218.

de figuras de linguagem, como metáforas ou ironias, sem o uso, na expressão escrita, de artifícios da linguagem oral ou mesmo pela exposição indireta de ideias sem que se deixe claro efetivamente o posicionamento adotado na decisão.

A coerência, por sua vez, reflete a concatenação entre afirmações e justificações, e se dá em dois planos: coerência normativa e coerência narrativa. A primeira refere-se à exigência de que a justificação da decisão judicial ocorra com base no sistema jurídico em que inserida; a coerência narrativa consiste na correlação entre fatos e provas que funcionam como premissas para as conclusões jurídicas adotadas[60].

Do ponto de vista textual, para que se considere fundamentada uma decisão, é necessário que haja correlação entre relatório, fundamentos e dispositivo, ou seja, os fatos levados à apreciação devem ser efetivamente enfrentados conforme a lógica processual, e as justificativas expostas devem vir refletidas na conclusão do ato.

Disso resulta que as preliminares e prejudiciais de mérito devem ser apreciadas antes do mérito, o julgador deve fixar as premissas fáticas e jurídicas de maneira expressa e a verdade extraída da produção probatória deve ser justificada.

O mais importante, de todo modo, é que haja inteligibilidade da subsunção dos fatos apreciados às normas aplicadas. A ciência jurídica se baseia em normas, sejam elas positivadas ou não, então, a cientificidade que confere validade à fundamentação ocorre, nesse ponto, pela expressão entre antecedentes e consequentes fáticos e jurídicos do caso apreciado.

A racionalidade da argumentação jurídica confere cientificidade ao direito, por mais subjetivas que sejam as cláusulas em jogo. Os órgãos jurisdicionais estarão protegidos pelo manto da juridicidade enquanto houver coerência na prática judicial. Isso faz com que o Judiciário não se coloque em posição de arbitrariedade, mesmo quando há atuação protetiva e até reativa dos tribunais.

É nessa linha que se acrescenta a necessidade de cotejo analítico da relação fato-direito, como praticamente uma consequência de uma fundamentação verdadeiramente clara e coerente. Para que se

---

60. MACCORMICK, Neil. *Rethoric and the Rule of Law: a theory of legal reasoning*. Oxford: Oxford University, 2005, p. 189 e ss. *apud* DE LUCCA, Rodrigo Ramina. **O dever de motivação das decisões judiciais**. Salvador: Juspodivm, 2015, p. 171-173.

considere fundamentada uma decisão, deve haver cotejo analítico entre fatos apreciados e direito aplicado.

Expressões genéricas, sintéticas, resumidas ou que de qualquer modo não promovam a relação entre os fatos discutidos e o direito aplicado, como premissas para conclusão exarada, pecarão por omissão, contradição ou obscuridade.

Não é suficiente a remissão ao dispositivo legal sem sua explicitação; não é suficiente a explicitação do direito sem a demonstração da subsunção do fato apreciado à norma aplicada; não é suficiente a exposição fática e a fundamentação jurídica dissociadas entre si, como se houvesse uma narrativa na primeira parte da decisão (relatório) e um compêndio jurídico na segunda parte (fundamentação); não é suficiente o cotejo entre fato e direito que não é analítico, ponto a ponto, senão a fundamentação pecará pela insuficiência.

1.4.3. Objetivação mínima de condições subjetivas: justificação jurídica e condições negativas já legisladas

A justificação de uma decisão judicial não parece passível de densificação ao ponto de tornar totalmente objetivo o caminho do julgador na apreciação das questões postas, o que ganha maior relevo quando em jogo direitos fundamentais, conceitos jurídicos indeterminados e enfrentamentos jurídicos cujas soluções são naturalmente controversas (como discussões acerca do aborto, eutanásia, pena de morte e tantas outras envolvendo direitos fundamentais).

Há algumas formas de objetivação mínima do percurso do julgador ao expressar suas razões de decidir, de todo modo. Isso define o que aqui se pretende como conteúdo jurídico mínimo da fundamentação, a se agregar aos pontos já aduzidos.

A justificação deve ser jurídica. O sistema jurídico ocidental, notadamente o brasileiro, objeto deste estudo, pauta-se em um direito positivado cujas normas são extraídas da constituição e das leis que o compõem.

É nas normas, portanto, que deve pautar-se qualquer fundamentação de decisão judicial. Não se admitem, no ordenamento jurídico pátrio, decisões que expressamente tragam, como fundamentos decisórios, definidores das conclusões exaradas, argumentos unicamente extraídos de outros sistemas, como o sociológico, o religioso, de orientação política, o pensamento filosófico. As decisões judiciais fundamentam-se no direito. Os demais sistemas que informam a sociedade podem ser objeto de apreciação pelo juízo, podem integrar as razões de decidir, mas a fundamentação das decisões judiciais deve ser jurídica.

Isso não significa, à evidência, que os pronunciamentos judiciais devem ser legalistas ou positivistas puros. A atividade judicial sopesa direta e indiretamente os aspectos dos sistemas correlatos, mas toma por base o direito, extrai a norma do sistema jurídico, sob pena de abrir espaço à arbitrariedade. E, assim, o controle da fundamentação das decisões judiciais será tanto mais necessário quanto mais forte for o teor da discricionariedade judicial em face dos critérios jurídicos e extrajurídicos sopesados e enfrentados.

Ainda que se possa aceitar a existência de papel criativo na atuação jurisdicional, e não apenas interpretativo, a fundamentação das decisões representa fator (des)legitimador da razão expressa pelos comandos judiciais, sendo exatamente essa a premissa sobre a qual se fundamenta este estudo. É dizer: quanto mais fundamentos extrajurídicos expressos, mais perigoso para a separação dos poderes; quanto mais coerente com o sistema jurídico e com a formatação orgânica do Estado, mais seguro para a manutenção dos *checks and balances*.

A tudo isso são somadas condições negativas que devem ser afastadas e que representam, como já se disse, a inserção em lei de aspectos que consolidam o conteúdo da fundamentação. Foi o que fez o CPC no art. 489, § 1º, que termina por solidificar o conteúdo jurídico do dever de fundamentação, ao considerar não fundamentada a decisão que (i) se limitar à indicação, à reprodução ou à paráfrase de ato normativo, sem explicar sua relação com a causa ou a questão decidida; (ii) empregar conceitos jurídicos indeterminados, sem explicar o motivo concreto de sua incidência no caso; (iii) invocar motivos que se prestariam a justificar qualquer outra decisão; (iv) não enfrentar todos os argumentos deduzidos no processo capazes de, em tese, infirmar a conclusão adotada pelo julgador; (v) se limitar a invocar precedente ou enunciado de súmula, sem identificar seus fundamentos determinantes nem demonstrar que o caso sob julgamento se ajusta àqueles fundamentos, ou deixar de segui-los, sem demonstrar a distinção do caso concreto ou a superação do entendimento.

O dever constitucional de motivação das decisões judiciais, portanto, deve:

i) decorrer de um processo maduro para apreciação judicial, na fase em que se encontre e conforme as regras próprias do comando judicial a ser exarado;
ii) reproduzir em seu conteúdo clareza e coerência suficientes ao exercício continuado dos direitos processuais dos atores processuais e a permitir o controle externo da referida decisão;
iii) ser formulado a partir do enfrentamento analítico da relação entre os fatos apreciados e o direito aplicado, no contexto dos argumentos produzidos no processo;
iv) materializar-se sobre bases epistemológicas extraídas essencialmente do sistema jurídico; e
v) não incorrer nas vedações concretizadas pela legislação processual brasileira quanto à definição dos *standards* da fundamentação.

1.5. A FUNDAMENTAÇÃO COMO INSTRUMENTO DE LEGITIMAÇÃO DAS DECISÕES JUDICIAIS: A TENSÃO SINÉRGICA ENTRE JURISDIÇÃO CONSTITUCIONAL E DEMOCRACIA

O enfrentamento dogmático, com a densificação conceitual do dever de fundamentação, permite o aprofundamento no ponto de inflexão objeto da investigação, qual seja, a potencialização dos problemas relativos à fundamentação das decisões judiciais quando em choque direitos fundamentais no exercício da jurisdição constitucional no Brasil.

Em diversas passagens até aqui, expôs-se como as discussões judiciais envolvendo direitos fundamentais tendem a reforçar a necessidade de estudo do modo como devem ser fundamentadas as decisões judiciais como fator de legitimação da atuação do Poder Judiciário. No choque constante entre ativismo e autocontenção, entre política e direito, o estudo da forma de expressão do poder pelos juízes parece conduzir a um caminho de soluções passíveis de contribuição para amenização das tensões existentes e certamente inafastáveis. Longe de buscar uma solução definitiva e universal, entende-se, aqui, que a verificação do modo como as decisões da jurisdição constitucional são fundamentadas representa um corte que potencializa problemas e reflexões a respeito do objeto estudado.

A leitura constitucional de problemas com a complexidade da vida contemporânea, sob a ótica da forma como se expressa o Poder Judiciário, tem o condão de expor os consensos e dissensos resultantes da correlação entre a fundamentação das decisões judiciais e a constante busca pela legitimação da atuação judicial na seara da separação dos poderes.

Nessa toada, é preciso enfrentar a ideia da fundamentação das decisões como fator de legitimação da atuação judicial na seara dos direitos fundamentais, notadamente no contexto da jurisdição constitucional.

Os direitos fundamentais são protegidos ou promovidos, no plano interno, pelas constituições, pelas leis e pela execução de políticas públicas. Todas são, de um modo ou de outro, reflexo da representação e (pressuposta) vontade popular. A suposta falta de legitimidade democrática do Judiciário é um dos problemas na proteção dos direitos fundamentais. Afinal, como poderia o Judiciário ser o detentor da última palavra?

Antes de caminhar às respostas propostas – e já as antecipando –, são pertinentes algumas ponderações para evitar a confusão entre a ideia ora exposta com uma defesa intransigente da centralidade ou preponderância do judiciário na organização estatal.

Não se defende que a justiça constitucional seja representante argumentativa da sociedade[61]; nem que tenha havido transferência de poder político às supremas cortes, como já defendido por Luís Roberto Barroso[62]; e muito menos que a satisfação popular com as decisões da justiça constitucional seja um critério jurídico válido de certificação de sua legitimidade. Tudo isso tem certa fragrância, aqui repudiada, de soerguimento de uma aristocracia judicial ao pedestal da onipotência[63].

---

61. ALEXY, Robert. ***Balancing, constitutional review, and representation***. *International Journal of Constitutional Law*. v. 3, n. 572, p. 578 e ss., 2005.

62. BARROSO, Luís Roberto. A razão sem voto: o Supremo Tribunal Federal e o governo da maioria. **Revista Brasileira de Políticas Públicas**, Brasília, v. 5, Número Especial, 2015, p. 23-50.

63. Daniel Sarmento assevera que "a jurisdição constitucional não é e não deve ser concebida como a protagonista da narrativa constitucional da Nação. A Constituição é interpretada e concretizada

O Judiciário julga, aplica o direito, interpreta a constituição. O juiz não atende aos anseios da sociedade, não se preocupa com o índice de aprovação popular da sua corte, não exerce poder político, não deve buscar ser o propulsor da história. Ou, ao menos, não deveria atuar de nenhuma dessas formas.

Essa breve ponderação serve para afastar uma defesa cega da atuação judicial, que deverá sempre estar adstrita às balizas da separação de poderes, proteção dos direitos fundamentais e demais regramentos constantes da Constituição. Fugir da defesa cega, no entanto, não é incompatível com o reconhecimento de legitimidade democrática por parte do Judiciário para proteção de direitos fundamentais de maneira altiva, mesmo quando em choque com outros poderes. Cumpre a esse poder republicano dizer o direito (ou seja, exercer a jurisdição), inclusive em matéria política, quando for imperativa a atuação contrarrepresentativa[64] e em face de eventual tirania da maioria[65] que resulte em prejuízo aos direitos fundamentais. Estes, sim, são a centralidade, o objetivo e o fundamento do Estado de Direito e da democracia.

Quando o Judiciário age disfuncionalmente, o problema a ser enfrentado é o da separação dos poderes, e não a discussão filosófica prévia acerca da (i)legitimidade democrática.

De uma maneira muito simples, um Estado democrático de direito é aquele em que há regras postas, há processo político com participação popular e há esquema jurídico de proteção dos direitos fundamentais.

Democracia não se resume à sua vertente eleitoral, do que advém o que se pode chamar de legitimidade eleitoral. Democracia é mais. Viver numa democracia é viver com direitos. O governo do povo só existe se há direito à igual consideração, à contraposição de ideias; se há liberdade de ir, vir, expressar-se; se há regras correcionais para

---

também fora das cortes, e o seu sentido é produzido por meio de debates e interações que ocorrem nos mais diferentes campos em que se dá o exercício da cidadania. Essa possibilidade de interpretação constitucional fora dos tribunais é vital para a legitimação democrática da empreitada constitucional." Cf. SARMENTO, Daniel. **Direitos, Democracia e República: escritos de Direito Constitucional.** Belo Horizonte: Fórum, 2018, p. 46-47.

64. MENDONÇA, Eduardo. **A democracia das massas e a democracia das pessoas: uma reflexão sobre a dificuldade contramajoritária.** Tese (Doutorado), Faculdade de Direito da Universidade Estadual do Rio de Janeiro, Rio de Janeiro, 2014. (mimeografada, p. 213).

65. MILL, John Stuart. **On Liberty.** Londres, 1874, p. 13.

os desvios do poder; se há regras para tutelar os conflitos entre as pessoas; se há previsão de como e para quem qualquer pessoa pode dirigir-se em busca da proteção dos seus direitos em face do Estado.

A centralidade da Constituição como diploma congregador da definição da estrutura do Estado, da formatação da separação dos poderes e da garantia dos direitos fundamentais, exercida de maneira não autoritária, não outorgada, com participação popular direta ou indireta, é a referência dos sistemas constitucionais atuais.

Essa Constituição, com suas definições, procedimentos e garantias, é, ao mesmo tempo, resultado e parte do processo democrático. De um processo não autoritário resulta uma constituição, que, por sua vez, traz as regras do próprio processo democrático. Então, a democracia se embasa na existência dessa constituição, que ela mesma – a democracia – permitiu existir. Só assim é possível pensar num Estado democrático de direito.

Nesse jogo, as regras estão postas. Ao Judiciário, em muitas situações, cabe a última palavra. Resguardou-se ao Judiciário o papel de guardião da constituição, por meio de cortes supremas ou cortes constitucionais. As discussões a respeito da legitimidade democrática do poder judiciário não se encaixam, com todas as vênias aos posicionamentos contrários, ao presente debate. Não se menospreza a dualidade Waldron-Dworkin[66]. Não se repudia a relevância dos estudos acerca da última palavra no Estado de direito. Acontece que esse debate não parece relevante para resolver o problema dos limites das decisões judiciais em matéria política na realidade ocidental, pois a legitimidade do Poder Judiciário para resolver conflitos e resguardar direitos fundamentais advém justamente do processo democrático. E tanto advém da democracia como é seu corolário. Não existe democracia sem preservação de direitos fundamentais. Não existem direitos fundamentais sem proteção judicial, inclusive contra as arbitrariedades (comissivas ou omissivas) dos outros poderes. O Judiciário foi designado pela Constituição como última trincheira para certos problemas na constituição.

Uma ressalva é pertinente. Todas as afirmações do parágrafo precedente partem da ideia pragmática de que, independente de con-

66. Para aprofundamento, cf. NOVAIS, Jorge Reis. **Direitos fundamentais e justiça constitucional em estado de direito democrático.** Coimbra: Coimbra Editora, 2012.

cordar ou não com a função interpretativa da constituição conferida ao Judiciário, esta função foi consagrada no processo democrático de formação do Estado. Se se questiona isso, questiona-se a qualidade da escolha e deve-se pretender alterar as regras do jogo – democraticamente, por óbvio.

Se há ou não legitimidade democrática e se deveria ou não existir a possibilidade de o judiciário invalidar normas editadas pelo legislativo ou integrar omissões legislativas ou administrativas em caso de omissões dos outros poderes é um problema anterior, de cunho crítico, reativo, mas não contribui para a análise da situação em foco, que toma por ponto de partida o direito positivado.

Quando o Judiciário resolve sobre situações em que há inércia ou deficiência legislativa ou administrativa na proteção de direitos fundamentais, o primeiro questionamento é o da legitimidade democrática para tal atuação. Mais pertinente, no entanto, é avaliar não a legitimidade democrática para essa atuação como proêmio básico, mas o respeito ou não à separação de poderes.

Os limites da atuação judicial não são delineados pela presença ou ausência de legitimidade democrática para tanto. Os limites da atuação do Judiciário são delineados pelos contornos da separação dos poderes, para que não se invada o espectro reservado pela constituição aos outros poderes, representativos dos anseios do povo (ao menos em tese).

Eventual atuação disforme dos poderes prejudica a democracia, mas não porque o judiciário não é legitimado para essa atuação. É que, ao transpassar as barreiras limitantes do seu poder, o judiciário burla a regra institucional posta e passa a se imiscuir em assuntos que são originalmente afetos aos outros poderes. Quando assim atuam os juízes, aí sim, trilha-se o percurso dos representantes do povo[67]. Sem legitimidade de representação popular, não pode o judiciário vestir a carapuça de "propulsor da história", de difusor da vontade do povo. Não é vocacionado constitucionalmente para isso.

A democracia repousa na proteção dos direitos fundamentais. Na última trincheira, os direitos fundamentais são guardados pelos juízes.

---

67. Cf. HABERMAS, Jürgen. O Estado Democrático de Direito – uma amarração paradoxal de princípios contraditórios? *In*: **Era das Transições**. Trad. Flávio Breno Siebeneichler. Rio de Janeiro: Tempo Brasileiro, 2003, p. 153-173.

A democracia forjou esse cenário de maneira legítima. A incorreção dessa atuação fere, em primeira instância, a separação dos poderes, mas também enfraquece a democracia, pois enfraquece o esquema organizatório-funcional do Estado, abalando ainda mais a confiança das pessoas nas instituições.

A correção dessa possível atuação desmedida dos juízes passa primeiro, portanto, pela definição dos contornos e limites entre a (recomendada) proteção pujante dos direitos fundamentais e a (repudiada) onipotência autoproclamada do Judiciário. O instrumento dessa análise perpassa pela análise crítica da construção da decisão judicial.

Se é verdade que a configuração da jurisdição constitucional se alia ao fortalecimento da democracia material, também é verdade que a relação entre ambas envolve uma "tensão sinérgica"[68], como leciona Daniel Sarmento. A sinergia decorre justamente da correlação histórica, teórica e pragmática entre ambas. A tensão potencial revela-se no exagero antidemocrático capaz de cercear a possibilidade de o povo se autogovernar[69], do que se extrai, também nas palavras de Sarmento, que "a dificuldade democrática pode não vir do remédio – o controle judicial de constitucionalidade – mas da sua dosagem"[70].

Nesse contexto, a altivez da justiça constitucional soma-se à necessidade de contenção[71] e racionalidade nas decisões judiciais como três faces que conferem legitimidade ao controle de constitucionalidade nessa relação naturalmente tensa entre direito e política.

---

68. SARMENTO, Daniel. **Direitos, Democracia e República: escritos de Direito Constitucional**. Belo Horizonte: Fórum, 2018, p. 31.

69. Em sentido semelhante, sustentando a necessidade de demonstrar a falha do processo democrático para que haja a intervenção judicial, Robert Dahl assim leciona: "*A heavy burden of proof should therefore be required before the democratic process is displaced by quase guardianship. It should be necessary to demonstrate that the democratic process fails to give equal consideration to the interests of some who are subjects to its law; tha the quase-guardians would do so; and that the injury inflicted on the right to equal consideration outweighs the injure done to the right of a people to govern itself.*" Cf. DAHL, Robert. **Democracy and Its Critics**. Yale University Press, 1991, p. 192.

70. SARMENTO, Daniel. **Direitos, Democracia e República: escritos de Direito Constitucional**. Belo Horizonte: Fórum, 2018.

71. A contenção é um freio à altivez para que não se chegue ao ativismo exacerbado. Em se tratando de estudo que tem por pano de fundo a separação dos poderes e os limites da atuação judicial, a autocontenção judicial está presente em toda a presente investigação, como causa e consequência. Não será, no entanto, objeto de aprofundamento, a fim de que não haja fuga à dicotomia autocontenção-ativismo, que não se insere como objeto imediato deste trabalho. Por isso é que o enfoque central será na racionalidade das decisões judiciais como fator de sua legitimação, tendo por consequência a autocontenção. A análise levada a efeito neste estudo seguirá permeando o tema, de modo que se entende que, apesar de não haver aprofundamento específico, o tema da autocontenção judicial estará a todo o tempo sendo tratado nesta investigação, de modo expresso ou implícito.

EM BUSCA DE RESPOSTAS CERTAS, O PERCURSO DA DECISÃO JUDICIAL ENTRE DESACORDOS E ENCRUZILHADAS ARGUMENTATIVAS

É no contexto do exercício da jurisdição constitucional, especialmente na tutela das restrições de direitos fundamentais, que mais se intensifica a tensão entre a atuação do Poder Judiciário e o princípio democrático.

Os naturais desacordos sobre direitos fundamentais, seja no que se refere às relações verticais Estado-indivíduo, seja no que toca às relações horizontais entre particulares, despertam problemas jurídicos com soluções dificilmente consensuais[1]. Esse parece ser o campo mais fértil para análise da concretização do dever de motivação na linha aqui preconizada, de choque entre argumentação jurídica, decisões políticas e busca pela objetivação da justificação judicial num contexto de legitimação da atuação do Poder Judiciário.

A irradiação de efeitos das decisões da suprema corte no Brasil faz com que se possa reduzir, com resultados consistentes, o campo de apreciação aqui delimitado. É o que se articulará no capítulo seguinte. Antes disso, contudo, é preciso compreender e discutir justamente a relação entre a tutela dos direitos fundamentais, sob a ótica do exercício da jurisdição constitucional, discutindo aspectos relativos

---

1. No direito português, mas com aplicação na realidade brasileira, sobre a aplicabilidade direta dos direitos fundamentais nas relações entre particulares e seus efeitos no que o autor chama de "pan-jusfundamentalização" da ordem jurídica, na linha do papel do legislador e do juiz na realização dos direitos fundamentais, cf. NOVAIS, Jorge Reis. **Direitos Fundamentais nas relações entre particulares: do dever de proteção à proibição do défice**. Coimbra: Almedina, 2018. 358 p. Em discussão semelhante, mas abordando especificamente o tema dos deveres estatais de proteção dos direitos fundamentais, cf. SILVA, Jorge Pereira. **Deveres do Estado de proteção de direitos fundamentais**. Lisboa: Universidade Católica Editora, 2015.

à tutela de direitos fundamentais entre a insuficiência de prestação e o excesso de restrição.

Com base nisso, é possível enfrentar, sem a intenção de esgotar o assunto, o que escaparia ao objeto do presente estudo, aspectos da argumentação e hermenêutica jurídicas na linha da pretensa objetivação da construção da fundamentação das decisões judiciais em busca da concretização da justificação jurídica apontada no capítulo anterior como requisito da fundamentação da decisão judicial.

Sobre isso repousa o presente capítulo, dedicado a alocar a discussão no campo da jurisdição constitucional, em busca da compreensão necessária à discussão principal da presente investigação, focada no problema da deliberação e julgamento com base em fundamentos simbólicos.

2.1. DESACORDOS SOBRE DIREITOS FUNDAMENTAIS E JURISDIÇÃO CONSTITUCIONAL

A relação entre desacordos sobre direitos fundamentais e a função da jurisdição constitucional é tratada por Jorge Reis Novais[2] numa linha crítica ao revigoramento da contestação à jurisdição constitucional realizado por Jeremy Waldron[3]:

> Ideia fundamental de Waldron é a da persistência, nas nossas sociedades, de um desacordo profundo sobre o conteúdo e sobre alcance dos direitos fundamentais. Então o problema nuclear do constitucionalismo e da sua relação com a democracia seria o da escolha da forma mais adequada de arbitragem desse desacordo.[4]

A crítica de Waldron ocorre no campo da teoria dos direitos fundamentais. O autor delimita, como terreno adequado para solução dos desacordos, a deliberação do parlamento, porque legitimado politicamente pela garantia do direito de todos à igual participação na tomada de decisões, o que não adviria do procedimento de decisão judicial, antidemocrático e elitista, segundo o autor. Este argumento é o cerne do caso ("*the core of the case*"), segundo Waldron.

2. NOVAIS, Jorge Reis. **Direitos fundamentais e justiça constitucional**. AAFDL, Lisboa, 2017, p. 113-146.
3. Cf. WALDRON, Jeremy. ***Derecho y desacuerdos***. Madrid, 2005; _____. ***The core of the case against judicial review in Yale Law Journal***, 115 (2006), p. 1346 e ss.
4. NOVAIS, Jorge Reis. **Direitos fundamentais e justiça constitucional**. AAFDL, Lisboa, 2017, p. 114.

Novais[5] defende que o problema, no entanto, não está no conteúdo dos direitos, pois este já foi arbitrado pelo constituinte de maneira objetiva e direta ou, como acontece normalmente, de modo aberto, com margem de deliberação ponderativa sobre a solução mais adequada das divergências. Fato é que, para o autor, o próprio constituinte também já remeteu a posterior arbitragem do eventual desacordo sobre a conformidade jurídico-constitucional à jurisdição constitucional.

Essa escolha constitucional é ratificada pela aptidão funcional de o Poder Judiciário não ser, em tese, um dos típicos violadores dos direitos fundamentais alçados à categoria de direitos na constituição, o que acontece de modo mais comum em relação ao poder político, em suas ações ou omissões violadoras de tais direitos. Ainda segundo Novais, essa aptidão funcional do Judiciário apoia-se

> (...) na independência que lhe está institucionalmente garantida, a que acresce a ausência de responsabilidade política dos juízes; na distanciação, tranquilidade e *tempo* proporcionados ao exercício da função judicial; na imparcialidade, necessidade de fundamentação, de coerência e de integridade exigidas às decisões judiciais; na especialização adquirida pelas jurisdições constitucionais e no efeito de redundância e complementaridade dos controlos que o poder judicial exerce relativamente à instituição parlamentar.

Os desacordos sobre direitos fundamentais não têm a natureza exclusivamente política que muitas vezes se lhe empresta, a fim de defender a ideia de que as decisões a seu respeito não poderiam ser atribuídas a um árbitro não eleito.

Para além da ideia de existência do direito, do seu conteúdo, do seu alcance e da sua efetiva concretização vivencial, instâncias caracterizadas pela razoabilidade do pluralismo de ideias, a estrutura constitucional determina a análise jurisdicional como caminho para solução dos desacordos, caracterizados aqui não mais como estritamente morais ou políticos, mas como jurídicos[6]. A arbitragem de problemas jurídicos, portanto, relacionados às violações dos direitos fundamentais enquanto garantias jurídicas, deve ser também jurídi-

5. Ibidem, p. 118.
6. Ibidem, p. 120-121.

ca, sendo essa a conclusão adotada pelas constituições do segundo pós-guerra, convergindo com a prática norte-americana de *judicial review* já do século XIX.

É nessa linha, portanto, que Jorge Reis Novais conduz a discussão para uma instância posterior: a partir do momento em que os direitos fundamentais passaram a ser garantias jurídico-constitucionais, o cenário da discussão mudou, não se alocando mais no campo tratado por Waldron. O desacordo sobre os direitos fundamentais já não é mais um "desacordo em branco"[7], passando a ser fruto de acordos minimamente estabilizados sobre conteúdos juridicamente protegidos, decorrentes do trabalho da jurisprudência, da doutrina, da vida jurídica cotidiana e até da própria atividade do legislador[8]. Não se trata mais de desacordo político. A discussão é jurídica e assim deve ser enfrentada, sendo a tarefa constitucionalmente atribuída aos tribunais constitucionais ou supremas cortes.

A realidade contemporânea traz ao Judiciário a arbitragem de problemas de difícil consensualidade. A alocação dos desacordos, no contexto da teoria dos direitos fundamentais, potencializa polarizações e remete as discussões a cenários de intersecção entre os sistemas jurídico, político, religioso, econômico, social, o que gera oposições potenciais entre soluções ambivalentes, que, apesar de potencialmente polêmicas, precisam ser decididas conforme as condições de tempo, lugar e circunstâncias, sem olvidar a necessária vinculação à aplicação do direito no caso concreto.

Alguns exemplos podem auxiliar a compreensão do que se aduz aqui.

A discussão a respeito da constitucionalidade da eutanásia ou da morte assistida é um tema que naturalmente gera oposições amparadas em argumentos sociais, filosóficos, culturais, religiosos, políticos. Qualquer decisão dada parece ser invariavelmente questionável, seja por conta de aspectos não jurídicos diretamente relacionados às percepções dos cidadãos a respeito do assunto, o que pode advir, no exemplo dado, de compreensões fortemente interligadas à religião e à moral, ou mesmo de ilações amparadas em direitos protegidos constitucionalmente, como o direito à vida em "oposição" à indis-

7. Ibidem, p. 121.
8. Ibidem, p. 121.

ponibilidade dos direitos fundamentais consagrados pelas cartas constitucionais. A oposição potencial é característica que parece ser inafastável em temas como este, que despertam paixões do ponto de vista extrajurídico, mas também sobrelevam embates jurídicos que, no fim das contas, precisam ser solucionados em uma ou outra direção.

Luís Roberto Barroso[9] acentua diversos exemplos interessantes que ilustram casos difíceis:

> (...) a) pode um casal surdo-mudo utilizar a engenharia genética para gerar um filho surdo-mudo e, assim, habitar o mesmo universo existencial que os pais? b) uma pessoa que se encontrava no primeiro lugar da fila, submeteu-se a um transplante de fígado. Quando surgiu um novo fígado, destinado ao paciente seguinte, o paciente que se submetera ao transplante anterior sofreu uma rejeição e reivindicava o novo fígado. Quem deveria recebê-lo? c) pode um adepto da religião Testemunha de Jeová recusar terminantemente uma transfusão de sangue, mesmo que indispensável para salvar-lhe a vida, por ser tal procedimento contrário à sua convicção religiosa? d) pode uma mulher pretender engravidar do marido que já morreu, mas deixou o seu sêmen em um banco de esperma? e) pode uma pessoa, nascida fisiologicamente homem, mas considerando-se uma transexual feminina, celebrar um casamento entre pessoas do mesmo sexo com outra mulher?

Os casos difíceis podem estar associados a um desacordo moral razoável, ou seja, situação em que a interpretação de cláusulas normativas abertas do ordenamento - preceitos normativos de baixa densificação, como os princípios constitucionais - pode conduzir a soluções inconciliáveis, mas igualmente amparadas pelo direito e defensáveis. Barroso ensina que, sobretudo diante do caráter pluralista e diversificado da sociedade construída no modelo constitucional brasileiro, discussões envolvendo cláusulas constitucionais como "o direito à vida, dignidade da pessoa humana ou igualdade dão margem a construções hermenêuticas distintas, por vezes contrapostas, de acordo com a pré-concepção do intérprete"[10].

9. BARROSO, Luís Roberto. **A razão sem voto: a função representativa e majoritária das cortes constitucionais.** REI- Revista Estudos Institucionais, v. 2, p. 517-546, 2017.P. 23-50.

10. BARROSO, Luís Roberto. **Curso de Direito Constitucional Contemporâneo: Os Conceitos Fundamentais e a Construção do Novo Modelo.** 7. ed. São Paulo: Saraiva, v. 1, 2015.

O ponto de confluência do presente estudo com o pensamento de Novais alinha-se exatamente na defesa de que aos juízes incumbe a decisão a respeito dos temas mais caros à sociedade, justamente porque não foram resolvidos naturalmente, necessitando que um árbitro dirima a controvérsia.

As constituições, resultado do processo democrático, elegeram os juízes para arbitrar tais controvérsias. Essas controvérsias, no que tange às restrições de direitos fundamentais por excesso ou insuficiência na proteção do Estado, serão comumente resultantes de um desacordo, que, por mais que resolvido, não deixa de ser ainda um desacordo.

É por isso que a legitimação do exercício da jurisdição constitucional ultrapassa a discussão da primeira barreira da escolha do árbitro, que é até onde parece chegar Waldron, como se houvesse ali um obstáculo intransponível. A escolha é pressuposta como sendo a vontade popular, já que alçada à escolha constitucional. Intransponível, tanto aqui quanto para Novais, parece ser a barreira das ferramentas utilizadas para resolução dos desacordos sobre direitos fundamentais. O instrumento do exercício do poder, a decisão judicial, é o cerne do caso, o que define a atuação judicial legitimadora de sua própria função.

Assim é que os juízes devem recorrer a princípios e critérios jurídicos, dogmaticamente elaborados, em que se possa objetivamente refletir a natureza de trunfos dos direitos fundamentais[11]. Não é a posição pessoal, política, de vontade do juiz que traz a solução do caso concreto, mas, nas palavras de Novais:

> (...) a forma e o alcance com que o juiz enquadra juridicamente a posição pessoal de desfavor em que, justificada ou injustificadamente, foi colocado o titular do direito e, nessa avaliação, a concepção dos direitos como trunfos pode ser iluminante[12].

Tudo isso é refletido na formalização escrita ou oral da expressão do poder dos juízes pelos fundamentos que utilizam para justificar suas decisões. A fluidez dos conceitos jurídicos, a abertura dos princípios estruturantes do Estado de Direito e o caráter universal dos direitos fundamentais determinam que, para afastar a pecha de

11. Cf. DWORKIN, Ronald. **Levando os Direitos a Sério.** Trad. Luís Carlos Borges. 2ª ed. São Paulo: Martins Fontes, 2005.
12. NOVAIS, Jorge Reis. **Direitos fundamentais e justiça constitucional**. AAFDL, Lisboa, 2017, p. 145.

casuísmo ou maximalismo, as decisões judiciais sejam proferidas por meio de construções analíticas (sucintas ou prolixas) e claras quando do enfrentamento de tais cláusulas abertas.

A utilização dos critérios jurídicos e o afastamento dos critérios extrajurídicos como razão principal de decisão é premissa para entendimento da decisão como apreciadora de problemas jurídicos resolvidos por meio do direito; a instrumentalização, por sua vez, segue na verificação da construção de justificativas sólidas que efetivamente demonstrem o caminho seguido pelo julgador, ao menos do ponto de vista da coerência e da integridade entre razões e conclusão final na aplicação das normas jurídicas em jogo.

Do ponto de vista da participação estatal como critério de verificação de inconstitucionalidades na proteção de direitos fundamentais, ter-se-á atuação excessiva ou insuficiente, de modo que o preenchimento do conteúdo desse caminho do julgador passa pela concretização normativa do que se entende por excesso e insuficiência, assim como pela densificação normativa de princípios e direitos objetos de apreciação, o que permitirá a objetividade que se busca para apreciação da justificação jurídica, com a intenção de defini-la como suficiente ou insuficiente, real ou simbólica, à legitimação da arbitragem judicial dos profundos e complexos desacordos sociais da contemporaneidade.

Essa discussão se insere de maneira muito mais profunda no contexto do exercício da jurisdição constitucional, como já se disse, sendo pertinente a delimitação do objeto apreciado neste ponto, antes de seguir no enfrentamento do preenchimento do *iter* da decisão judicial rumo à possibilidade de aferição da qualidade jurídica dos seus fundamentos.

2.2. CONTROLE JUDICIAL DE RESTRIÇÕES DE DIREITOS FUNDAMENTAIS: A JUSTIFICAÇÃO DA DECISÃO ENTRE A INSUFICIÊNCIA E O EXCESSO

Muitas vezes identificada como a outra face do princípio da proibição do excesso, a aplicação judicial do princípio da proibição da insuficiência, como forma de controle das omissões legislativas e administrativas inconstitucionais, traz consigo o problema do nivelamento saudável entre os poderes.

É na correção das omissões do Legislativo e do Executivo que essa tensão institucional se vê de maneira mais acentuada, pois daí podem advir, também de forma mais intensa, as intervenções judiciais integrativas, aditivas, ativistas.

É verdade que qualquer intervenção do Poder Judiciário em temas originalmente afetos a outro poder carrega tal tensão, especialmente quando se trata da concretização de direitos fundamentais. Porém, como já se pode antever, quando há inércia estatal, a atuação do Judiciário traz consigo uma vertente mais cinzenta dos freios e contrapesos e do princípio democrático legitimador da estruturação do Estado de Direito, pois a um juiz incumbirá resolver definitivamente sobre a (não) implementação legislativa ou administrativa de um direito[13].

As dificuldades relacionadas a essa atuação do Judiciário, no entanto, não o exoneram do dever de proteger direitos fundamentais não só quando a violação decorrer do excesso por parte do Poder Público, como também quando for consequência de sua inação.

Adotando-se essa tarefa como inafastável, é preciso compreender o problema à luz da alocação dos deveres estatais de proteção no quadrante da concretização de direitos fundamentais, sob a ótica das restrições excessivas e das inações lesivas.

As previsões normativas dos direitos fundamentais normalmente carregam consigo elevado grau de abstração. Seria impossível que o constituinte previsse todo o detalhamento necessário à implementação dos direitos que estabelece. A concretização de tais direitos passa, primeiro, pelas mãos do legislador[14], que, não raras vezes, também deixa de tratar de todas as nuances dos direitos regulados, dado o natural caráter genérico das respectivas normas. E isso é mesmo assim – vale ressaltar – por conta da universalidade típica dos direitos fundamentais, por meio dos quais se busca tutelar as mais básicas necessidades humanas, nos mais diversos casos concretos que possam vir a ocorrer.

O Tribunal Constitucional Alemão, em sua segunda decisão sobre o aborto (BverfGE 88, 203, 1993), pontuou exatamente isso:

---

13. Neste trabalho, com pretensões bem delimitadas, não se buscará esgotar temas mais específicos do constitucionalismo, como a tensão entre direitos fundamentais e democracia ou eventual remodelação da tripartição dos poderes na atualidade.

14. DIMOULIS, Dimitri; MARTINS, Leonardo. **Teoria geral dos direitos fundamentais.** 7. ed. São Paulo: Revista dos Tribunais, 2020. 330p P. 122: "o dever de ação do Estado cumpre-se primordialmente pelo Legislativo que deve cuidar da tutela do direito fundamental em face dos particulares."

> O Estado, para cumprir com seu dever de proteção, deve empregar medidas suficientes de caráter normativo e material, que levem a alcançar - atendendo à contraposição de bens jurídicos - a uma proteção adequada, e como tal, efetiva (proibição de insuficiência). (...) É tarefa do legislador determinar, detalhadamente, o tipo e a extensão da proteção. A Constituição fixa a proteção como meta, não detalhando, porém, sua configuração. No entanto, o legislador deve observar a proibição de insuficiência (...). Considerando-se bens jurídicos contrapostos, necessária se faz uma proteção adequada. Decisivo é que a proteção seja eficiente como tal. As medidas tomadas pelo legislador devem ser suficientes para uma proteção adequada e eficiente e, além disso, basear-se em cuidadosas averiguações de fatos e avaliações racionalmente sustentáveis (...).

Tipicamente, o Poder Executivo concretiza direitos fundamentais por meio de programas e atos governamentais, que se organizam na forma de políticas públicas[15]. As escolhas políticas dessa estirpe, no entanto, dificilmente figuram, aos olhos dos destinatários, como sendo as melhores possíveis. É difícil – senão impossível – satisfazer em grau ótimo as necessidades manifestas das pessoas. Essas, aliás, também são tão subjetivas que dificilmente haverá consenso, num caso concreto, quanto ao atingimento ou não do máximo de expectativa criada.

O Poder Judiciário deve dirimir os conflitos que surgem dessa formatação natural e organicamente subjetiva dos direitos fundamentais, cuja concretização pode ser feita a partir de diferentes formas, valoradas como mais ou menos adequadas por cada grupo social. Os direitos fundamentais são postos em causa por meio de situações em que há complexos embates entre direitos, por atuação estatal restritiva de direito fundamental[16] ou mesmo pela ausência ou insuficiência de ação pública que enseja proteção deficitária do indivíduo[17].

---

15. BUCCI, Maria Paula Dallari. **Fundamentos para uma Teoria Jurídica das Políticas Públicas.** 1a. ed. São Paulo: Saraiva, 2013. v. 1. 319p. P. 109: "política pública é o programa de ação governamental que resulta de um processo ou conjunto de processos juridicamente regulados (...)".
16. Nesses casos, em regra, observar-se-á a situação à luz do princípio da proporcionalidade (ou proibição do excesso). Sobre isso, cf. NOVAIS, Jorge Reis. **Princípios estruturantes do estado de direito.** Coimbra: Almedina, 2019, p. 95-145; e CANAS, Vitalino. **O Princípio da Proibição do Excesso na Conformação e no Controlo de Atos Legislativos.** Coimbra: Almedina, 2017.
17. BRASIL. Supremo Tribunal Federal. **Agravo em Recurso Extraordinário n° 727864 AgR/PR.** Relator(a): Celso de Mello Segunda Turma, julgado em 04/11/2014, acórdão eletrônico dje-223, divulgado em: 12-11-2014; publicado em: 13-11-2014. No voto, o Ministro Celso de Mello fez importante ponderação: "[...] a incumbência de fazer implementar políticas públicas fundadas na Constituição poderá atribuir-se, ainda que excepcionalmente, ao Judiciário, se e quando os órgãos estatais competentes, por descumprirem os encargos político-jurídicos que sobre eles incidem em caráter vinculante,

Os direitos fundamentais não mais se contentam, para se consagrarem protegidos, com normas que tutelem a abstenção estatal em face dos indivíduos. Na guinada revolucionária liberal do século XVIII, isso era suficiente. Buscava-se "apenas" a limitação do poder do Estado. Bastavam as liberdades individuais ditas de primeira geração[18].

Hoje, além das prestações sociais incorporadas como dever do Estado após a revolução industrial do século XIX, exige-se do Poder Público uma atuação evolutiva e adaptativa constante, na mesma velocidade que se modificam as relações sociais. Exige-se não somente a garantia legal, formal, mas a proteção material, suficiente, efetiva, real dos direitos fundamentais. A censura que se extrai da constituição atualmente alcança as omissões estatais decorrentes da ausência de proteção a esses direitos, bem como da existência de uma proteção deficitária.

A partir dessa visão dos direitos fundamentais numa relação de determinação de deveres estatais de proteção e promoção, transporta-se o Estado da posição de "adversário" para a função de guardião desses direitos.

A pedra de toque da ideia ora trabalhada, portanto, reside na ideia de que os direitos fundamentais não se satisfazem quando são atendidos em "uma medida qualquer". Quando em questão eventual insuficiência na realização de um direito, observa-se se há efetivas ações estatais em prol dos indivíduos, não sendo suficiente "qualquer proteção". Ao Estado impõem-se tanto deveres de respeito (dimensão negativa) como de proteção e de promoção (dimensão positiva) dos direitos fundamentais[19].

---

vierem a comprometer, com tal comportamento, a eficácia e a integridade de direitos individuais e/ou coletivos impregnados de estatura constitucional [...]".

18. Atribui-se ao tcheco-francês Karel Vazak o pioneirismo na utilização da expressão "gerações" para dividir os direitos humanos. Em 1979, durante uma conferência no Instituto Internacional de Direitos Humanos de Estrasburgo, inspirado pelos ideais revolucionários franceses, o jurista propôs a alocação dos três princípios cardeais (liberdade, igualdade e fraternidade) em diferentes e sucessivas estruturas de direitos humanos. Sobre o tema, no Brasil, apesar de preferir chamar de "dimensões" de direitos fundamentais, cf. BONAVIDES, Paulo. **Curso de Direito Constitucional**. 24. ed. São Paulo: Malheiros, 2009. 827p.

19. Cf. NOVAIS, Jorge Reis. **Direitos Sociais – Teoria jurídica dos direitos sociais enquanto direitos fundamentais.** Lisboa: AAFDL, 2016, p. 306-317. No mesmo sentido, analisando a jurisprudência alemã, cf. SCHWABE, Jürgen**. Cinquenta anos de jurisprudência do Tribunal Constitucional Federal Alemão** (Trad. Leonardo Martins). Montevideo: Fundación Konrad-Adenauer, 2005. P. 265-266: "Os direitos fundamentais à vida e à incolumidade física nasceram, sem precedentes na história constitucional alemã, sob o impactos das atrocidades nazistas. Seu caráter originário era notória e simplesmente de direito de resistência contra a intervenção estatal (*Abwehrrecht*). Mas o

Nessa mesma linha, Jorge Pereira da Silva aduz que os direitos fundamentais exigem dos poderes públicos uma postura muito dinâmica:

> "(...) ora de vigilante abstenção; ora de compressão comedida; ora de configuração do seu conteúdo; ora de intervenção protectora; ora ainda de preenchimento dos pressupostos da respectiva efectividade; ora finalmente da sua promoção activa no plano jurídico e fático"[20].

Mais que a abstenção de interferência indevida ou a proteção ativa diante das restrições, imputam-se ao Estado os deveres de prestação no campo dos direitos fundamentais.

Essa moldura inicial do princípio já mostra seu maior problema: a definição do seu conteúdo normativo.

Quando há norma estabelecedora do direito que inequivocamente se subsume ao caso concreto, e não há proteção alguma do Estado, é fácil identificar a omissão inconstitucional. Se uma norma constitucional previr que todo servidor público tem direito a aposentadoria, mas não houver norma legal nem quaisquer medidas de estruturação financeira e administrativa para que as pessoas se aposentem, a inconstitucionalidade é indiscutível.

Contudo, há casos em que, diante da previsão abstrata de determinado direito fundamental, reputar-se-á que a proteção dada a ele pelo Poder Público é insuficiente[21]. Nesse caso, como mensurar se a proteção conferida é suficiente ou deficitária do ponto de vista constitucional? Um questionamento pode ajudar a entender a questão: se a constituição previr a todos o direito à saúde e houver uma pessoa acometida de doença ainda sem cura definida pela ciência, deve-se exigir do Estado, como medida corretiva, que se lhe garanta acesso

---

TCF, desde a primeira decisão sobre o aborto (BVerfGE 39, 1; abaixo: decisão 23) vem desenvolvendo um segundo caráter que deu azo a uma dogmática expandida a outros direitos fundamentais: o caráter de dever de tutela estatal (*staatliche Schutzpflicht*) em face de agressões provenientes de particulares. Diz-se, na literatura especializada, que o teor de dignidade humana nessa outorga é muito grande, por isso, o fundamento do dever estatal de tutela seria o Art. 2 II 1 c.c. Art. 1 I 2 GG, com ênfase do verbo 'proteger' (*schützen*) em contraposição ao verbo *achten* (observar), denotando o caráter positivo da proteção em relação ao caráter tradicional negativo."

20. SILVA, Jorge Pereira. **Deveres do Estado de proteção de direitos fundamentais.** Lisboa: Universidade Católica Editora, 2015. p. 553.

21. Exemplificativamente, as constituições garantem o direito à vida, e não o direito à vida por meio de tratamento médico experimental milionário em outro país; ou garantem o direito à vida, mas nada dizem sobre a possibilidade de a testemunha de Jeová recusar transfusão de sangue pela sua liberdade religiosa.

a tratamento experimental milionário em outro país que promete prolongar a vida do paciente por mais três meses?

O problema no qual se assenta a necessidade de definição do princípio da proibição do déficit é o de saber quando o Estado deveria ter feito e não fez, "quando a Constituição lhe impunha que fizesse e o poder público responsável não fez ou não fez na medida constitucionalmente devida"[22], situação que configura uma omissão inconstitucional.

Nesse contexto, surge a seguinte questão quanto à proteção de direitos fundamentais: deve-se garantir o mínimo, um termo médio ou uma prestação ótima?[23]

Se a resposta for que se deve garantir o mínimo ao enfermo, poder-se-ia dizer que estaria garantido o mínimo se houvesse cuidados médicos meramente paliativos no corredor de um hospital apenas amenizando suas dores até a morte. Essa posição parece conflitar com a sistemática de evolução dos direitos fundamentais, já que a prestação mínima não parece satisfazer os fundamentos do Estado Social de Direito.

Caso se responda que a prestação deve ser ótima (ou a melhor que se possa alcançar), haverá uma inconstitucionalidade intermitente[24], pois, mesmo que se atinja determinada prestação ótima, logo a seguir, com o simples passar do tempo, a alteração das circunstâncias e o surgimento de novas necessidades, já será possível ou imaginável fazer mais e melhor.

Utilizando o mesmo exemplo anterior, a qualquer enfermo, independentemente de qualquer circunstância, garantir-se-iam todos

---

22. NOVAIS, Jorge Reis. **Direitos Fundamentais nas relações entre particulares: do dever de proteção à proibição do défice.** Coimbra: Almedina, 2018. 358 p. P. 258-259.

23. O Ministro do Supremo Tribunal Federal, Gilmar Mendes, numa referência indireta ao juiz da Corte Constitucional da Colômbia, Carlos Bernal Pulido, disse o seguinte: "O ato não será adequado caso não proteja o direito fundamental de maneira ótima; não será necessário na hipótese de existirem medidas alternativas que favoreçam ainda mais a realização do direito fundamental; e violará o subprincípio da proporcionalidade em sentido estrito se o grau de satisfação do fim legislativo for inferior ao grau em que não se realiza o direito fundamental de proteção." (BRASIL. Supremo Tribunal Federal. **Habeas Corpus 104.410/RS.** Relator: Gilmar Mendes. Segunda Turma. Julgado em: 06/03/2012. Acórdão Eletrônico DJe-062. Divulgado em: 26.03.2012. Divulgação: 26.03.201. Publicação 27.03.2012, Apud. PULIDO, Carlos Bernal. ***El principio de proporcionalidad y los derechos fundamentales.*** Madrid: Centro de Estudios Políticos y Constitucionales; 2003, p. 798 e segs.

24. Em sentido semelhante, mas chamando de "inconstitucionalidade permanente", cf. NOVAIS, Jorge Reis. **Direitos Fundamentais nas relações entre particulares: do dever de proteção à proibição do défice.** Coimbra: Almedina, 2018. 358 p. P. 258.

os tratamentos possíveis no mundo, independente do preço (e da capacidade financeira do Estado) ou mesmo da viabilidade científica de cura. E qualquer novo tratamento vislumbrado tornaria inconstitucional a condição anterior de proteção da saúde.

Resta, portanto, a opção pela qual a definição da constitucionalidade do dever de prestação estatal deve observar um termo médio. Essa resposta, apesar de parecer ser a mais razoável, exige a explicitação de quais as balizas para definir a partir de quando a incompletude da ação estatal é inconstitucional, ou seja, até que medida a exigência de prestação estatal é direito fundamental do particular.

Nessa perspectiva, é possível definir três zonas de verificação de constitucionalidade no cotejo entre omissão e restrição estatal a direitos fundamentais. Na primeira camada, entre a inação total e o limite da prestação estatal deficitária, haverá inconstitucionalidade; ultrapassado o marco da prestação deficitária, haverá intervalo de constitucionalidade até que se atinja a restrição máxima suportada pelo Estado; além do limite restritivo máximo, haverá inconstitucionalidade[25].

A definição do limite da última camada é extraída do conteúdo jurídico do princípio da proibição do excesso (*Übermassverbot*), cuja verificação tem apoio no modelo trifásico da aptidão[26], da necessidade e da proporcionalidade[27].

Entre as máximas restrições comissivas e omissivas, tem-se o *Korridor*[28] da constitucionalidade, caminho no qual pode o Estado

---

25. BRASIL. Supremo Tribunal Federal. **Recurso Extraordinário n° 523583.** Relator: Gilmar Mendes. Data de julgamento: 26.12.2006: no Recurso relatado pelo Min. Gilmar Mendes, caso que será enfrentado em tópico próprio deste trabalho, consignou-se ideia semelhante: "A reserva de lei penal configura-se como reserva legal proporcional (*Vorbehalt des verhältnismässigenGesetzes*): a proibição de excesso (*Übermassverbote*) funciona como limite máximo, e a proibição de proteção insuficiente, (*Untermassverbote*) como limite mínimo da intervenção legislativa penal."
26. Sobre a utilização da expressão "aptidão" e imputando como errônea a utilização da expressão "adequação", cf. NOVAIS, Jorge Reis. **Princípios estruturantes do estado de direito.** Coimbra: Almedina, 2019, p. 108-111.
27. Jorge Reis Novais defende que esse modelo trifásico e aparentemente linear somente se presta à resolução de casos fáceis. Os verdadeiros casos difíceis, que representam o problema da análise de excesso restritivo, não são resolvidos do modo simples e linear que se propõe pelo aludido modelo trifásico. Cf. NOVAIS, Jorge Reis. **Princípios estruturantes do estado de direito.** Coimbra: Almedina, 2019, p. 196-197.
28. Segundo Jorge Reis Novais, a metáfora do *Korridor* parece ter sido criada por Hoffmann-Riem, em *Reform des allgemeinen Verwaltungsrechts. Vorüberlegungen, in* DVBl., 1994, págs. 1384 e seg. Cf. NOVAIS, Jorge Reis. **Direitos Fundamentais nas relações entre particulares: do dever de proteção à proibição do défice.** Coimbra: Almedina, 2018. 358p. p. 265, nota 152.

caminhar livremente entre *non faceres* e *faceres* mais ou menos protetivos do direito fundamental, sem que se verifique inconstitucionalidade.

A existência de um corredor de constitucionalidade, aliás, é uma decorrência da separação dos poderes, face à legitimidade democrática conferida ao Executivo e Legislativo (escolhas políticas). Para apuração da constitucionalidade da atuação estatal relativamente a direitos fundamentais, seja ela legislativa ou executiva, é necessário que haja margem de apreciação e escolha do Estado.

Em certas relações jurídicas, entre particulares ou entre o particular e o poder público, a proteção pode ser maior ou menor (pela atuação restritiva ou no que toca à implementação de direitos), a depender das escolhas políticas, do momento histórico, das condições sociais ou econômicas em causa. É por isso que o corredor, dentro do qual se caminha num espectro de constitucionalidade, é o vetor que define a saúde da separação dos poderes.

Tudo isso se presta à justificação das diversas possibilidades de fundamentação de decisões judiciais que tratam sobre restrição de direitos fundamentais ou choques entre eles. À disposição do julgador, encontram-se diversos caminhos interpretativos para soluções diversas em busca do que seria a resposta certa para casos controversos.

O "argumento da controvérsia"[29], nas palavras de Ronald Dworkin, está relacionado ao entendimento de qual solução deve ser seguida quando há uma controvérsia com possibilidade de soluções diversas, o que ocorre em casos de lacunas, quando houver dúvida sobre a analogia, costumes ou princípios gerais do Direito a aplicar, em caso de necessidade de preenchimento normativo dos princípios constitucionais, em casos de indeterminação semântica e quando há conflito de normas[30].

Para Dworkin, a controvérsia confunde-se com a demonstrabilidade, no sentido de que, "se não se pode demonstrar que uma proposição é verdadeira, depois que todos os fatos concretos que possam ser relevantes para sua veracidade sejam conhecidos ou estipulados,

---

29. Cf. DWORKIN, Ronald. **Uma questão de princípio.** Trad. Luiz Carlos Borges. São Paulo: Martins Fontes, 2005.

30. NETO, Nagibe de Mello Jorge. **Uma teoria da decisão judicial: Fundamentação, legitimidade e justiça**. 2 ed. rev. e atual. Salvador: Juspodivm, 2019, p. 105.

então não pode ser verdadeira"[31]. E demonstrar é "fundamentar com argumentos de tal tipo que qualquer pessoa que compreenda a linguagem em que foi formulada a proposição deva assentir à sua veracidade ou ser condenada por irracionalidade"[32].

A ideia de Dworkin é apenas uma entre tantas que buscam explicar a racionalidade na construção das decisões judiciais. A busca pela verdade, a construção do racional e os debates sobre argumentação e hermenêutica jurídicas renderiam alguns capítulos independentes deste trabalho. Aqui, por todos, o pensamento de Dworkin serve à ilustração de parte do problema, que reside na identificação da fundamentação jurídica que desemboca na resposta certa para casos controversos.

Na seara dos direitos fundamentais, a dificuldade, ora alocada sob a ótica do arbitramento judicial do corredor de constitucionalidade entre excessos e inações estatais, tensiona ainda mais a existência de diversas opções argumentativas. Fato é que, ao que parece, a busca não deve ser pela resposta certa, pela melhor solução ou pela construção mais bem elaborada. As bases da construção argumentativa e a relação entre fato e direito é que fornecerão diversas possíveis respostas certas, sendo adequada aquela que foi proferida - dentre outras possíveis -, desde que os fundamentos tenham sido expostos de maneira clara, íntegra e seguindo as regras do jogo, por mais que o desacordo persista...

2.3. OPÇÕES ARGUMENTATIVAS E A BUSCA PELA EXTERIORIZAÇÃO RACIONAL

A necessidade de controle judicial entre excessos e insuficiências, no bojo de relações e de interesses tão complexos quanto os que se colocam atualmente, faz com que ao julgador sejam ofertadas diversas opções argumentativas na construção da decisão judicial.

Essa ideia parece não ser diferente se se considerar a decisão como ponto de partida na construção argumentativa exteriorizada, que somente se amolda à conclusão deliberada internamente pelo juiz, ou como resultado mesmo da formação argumentativa exteriorizada, que termina por consequenciar a conclusão exarada.

31. DWORKIN, Ronald. **Uma questão de princípio.** Trad. Luiz Carlos Borges. São Paulo: Martins Fontes, 2005, p. 204.

32. Ibidem, p. 204.

Isso porque, por um caminho ou pelo outro, é comum haver respostas juridicamente razoáveis e consistentes para resolução dos problemas, que, de qualquer forma, seguirão como parte de desacordos sobre direitos fundamentais.

A fundamentação das decisões judiciais representa, nessa seara, a racionalidade que justifica o poder de o Judiciário resolver conflitos envolvendo direitos fundamentais. A busca do sentido das normas, especialmente as constitucionais, mostra-se tanto mais estável quanto mais atrelada a critérios jurídicos expostos de maneira clara, coerente e íntegra. Busca-se a racionalidade na expressão do poder. Esta, de todo modo, é tão fluida quanto qualquer conceituação que se poderia tentar trazer.

O aprofundamento das teorias sobre racionalidade, ademais, traria tema que demanda estudos particulares. É por isso que, aqui, não se pretende expor o que é ser racional ao decidir, mas como se busca tal racionalidade, quais os caminhos que mais parecem alocar a decisão judicial num posto de equidistância entre as polarizações dos demais sistemas.

Para Habermas[33], argumentação é "o tipo de discurso em que os participantes tematizam pretensões de validade controversas e procuram resolvê-las ou criticá-las com argumentos"; argumentos são os "meios com os quais é possível obter o reconhecimento intersubjetivo de uma pretensão de validade levantada pelo proponente de forma hipotética", com "razões que se ligam sistematicamente à pretensão de validade de uma exteriorização problemática".

Ainda segundo Habermas[34], racional é quem, no campo cognitivo-instrumental, "age de maneira eficiente e exterioriza opiniões fundamentadas". A racionalidade ressai justamente de uma exteriorização capaz de justificar ações diante de um determinado contexto normativo de maneira imparcial.

Essa exteriorização racional exige que haja, na visão de Lênio Luiz Streck[35], obediência a cinco padrões em qualquer decisão judicial:

---

33. HABERMAS, Jürgen. **Teoria do Agir Comunicativo: Racionalidade da ação e racionalização social.** Martins Fontes, 2012, p. 44-61.
34. Ibidem, p. 49-50.
35. STRECK, Lenio Luiz. **Verdade e Consenso.** Constituição, Hermenêutica e Teorias Discursivas. 6. ed. São Paulo: Saraiva, 2017.

(i) a preservação da autonomia do direito; (ii) o estabelecimento de condições hermenêuticas para controle da interpretação constitucional; (iii) a garantia do respeito à integridade e à coerência do direito; (iv) o estabelecimento da fundamentação das decisões como um dever fundamental dos juízes e tribunais; (v) a garantia de que cada decisão tenha sua causa julgada a partir da Constituição e de que haja condições para aferir se essa resposta está ou não constitucionalmente adequada.

Esses fatores confluem para a ideia de que a legitimidade das decisões judiciais passa pela certificação de que a argumentação jurídica foi exteriorizada por meio de conteúdos jurídicos normativos, conferindo coerência ao sistema jurídico. Assim se legitimam decisões judiciais em situações de desacordos profundos sobre direitos fundamentais, mesmo reconhecendo, como faz Sarmento, que os tribunais não podem ser "espaços assépticos, imunes à ideologia e às articulações e compromissos políticos"[36].

A racionalidade da decisão judicial leva em consideração seu processo de construção até sua exteriorização. A fundamentação racional, jurídica, coloca o Poder Judiciário no seu lugar de direito. Num período de entrelaços quase que indissociáveis entre política, ideologia, valores e opiniões pessoais, deve-se resguardar a autonomia do direito e, como sustenta Streck, abrir uma clareira, devastando o que está em volta, para que possa o direito vir à luz; e este, vindo à tona, para sobreviver, deve ser coerente e íntegro, o que se expressa somente pela fundamentação racional das decisões judiciais[37].

Por isso é que os fundamentos não racionalizados e não embasados em categorias jurídicas normativas, sem conteúdo jurídico definido, alheios à busca pela coerência sistêmica, sem clareza procedimental para alcance do resultado final, conduzem ao possível descrédito dos tribunais, que são, então, colocados numa posição que muito se assemelha a dos demais poderes, vocacionados ao dissenso político.

A fundamentação extrajurídica, expressa no corpo de decisões, pela utilização exacerbada de argumentos estatísticos, sociológicos, políticos e econômicos parece servir muito mais ao auditório que

---

36. SARMENTO, Daniel. **Direitos, Democracia e República: escritos de Direito Constitucional.** Belo Horizonte: Fórum, 2018, p. 46.

37. STRECK, Lenio Luiz. **Hermenêutica Jurídica e(m) crise: uma exploração hermenêutica da construção do Direito.** 11. ed., atual. e ampliada. Porto Alegre: Livraria do Advogado Editora, 2014.

oportunamente recebe o conteúdo da decisão que aos fins constitucionais efetivamente.

Não se defende uma teoria pura da decisão judicial ou a formação do conteúdo jurídico indene de laços extrajurídicos. Fato é que, numa decisão judicial, devem ser sobressalentes os argumentos atrelados ao Direito e a construção da norma aplicada ao caso concreto à luz dos princípios e regras constitucionais. Isso porque não cabem aos juízes a verificação e a destinação dos rumos da sociedade como molas propulsoras de suas atuações. Trata-se de consequência irrefutável da atuação judicial. Pode tratar-se, ademais, de uma das razões de suas decisões judiciais. Mas, a partir do momento em que, num julgamento, os motivos extrajurídicos são mais importantes ou mais exaltados que os jurídicos, transbordam-se as barreiras das limitações do poder.

A legitimidade das decisões dos juízes como expressão do Poder Judiciário, protegidas, ao menos em tese, do manto da desaprovação ou rejeição popular como característica importante para seu sucesso, é posta em risco quando a manifestação do poder leva em consideração aspectos que ampliam a subjetividade já ínsita aos casos difíceis julgados. É o que ocorre quando o julgador exalta e polariza projetos, expectativas, dados e problemas sociais. Nesse momento, coloca-se em posição de aprovação ou rejeição; apoia-se em uma ou outra ideologia; por mais que sinceramente não queira, aproxima-se de um lado ou outro no debate político.

Exemplos hipotéticos podem clarear as ideias até então teorizadas. Se um tribunal constitucional fosse decidir a respeito da constitucionalidade ou não do aborto, sua decisão estaria mais propensa aos contornos próprios da política se o julgador trouxesse argumentos religiosos para endossar suas conclusões. Do contrário, se se embasasse em critérios científicos, médicos e daí houvesse a correlação aos aspectos jurídicos envolvendo as normas em debate, parece que estaria menos propenso ao papel de ator do dissenso no caso.

Em que pese o direito não estar alheio aos outros ramos do saber, as decisões judiciais necessitam de construção que lhe confira similitude com o que a constituição determina ser expressão do poder. Comedimento, equidistância, imparcialidade, contenção: tudo isso pode estar aliado, especialmente no que tange à proteção dos direitos fundamentais, à altivez na reação judicial às restrições excessivas e omissões desproporcionais nos direitos das pessoas, desde que tudo se expresse por meio de argumentos que afastem o máximo possível a decisão judicial dos polos de discussão relacionados.

É nesse contexto de excessiva fluidez de conceitos e estruturas jurídicas sobre que repousa a aplicação dos direitos fundamentais de um modo geral. E é nessa aplicação muitas vezes irresponsável de direitos ou princípios que se tem por vulnerado o dever de motivação material dos juízes, ofendendo, por correlação lógica, o direito à motivação correspondente.

Isso pode ter reflexos entre partes que debatem questões específicas e também na abstrata relação de controle de constitucionalidade. A utilização de normas desprovidas de conteúdo bem definido, quando em xeque aspectos pouco objetivos da constituição, termina por colocar em risco a segurança do próprio sistema jurídico e de suas balizas centrais, como a separação dos poderes.

Veja-se que não se argumenta aqui que a utilização de princípios, mesmo em demasia, seja um problema do direito. Os princípios jurídicos servem ao sistema como mecanismos de defesa (por abstenção ou promoção) dos direitos fundamentais. A disseminação da principiologia como critério decisório traz, em verdade, o que se busca do direito: fórmulas plásticas e adaptáveis à realidade social do momento que permitam sua aplicação na proteção dos bens jurídicos tutelados pelo ordenamento.

A linha entre a aplicação saudável e a insegurança jurídica (ou outros muitos males), no entanto, é bastante tênue, porque, dada a plasticidade, um mesmo comando serve a várias decisões, a vários caminhos e a vários resultados. O fortalecimento de direitos pode ceder espaço ao casuísmo. A argumentação jurídica cede espaço ao decisionismo particularizado. O direito sucumbe à política. A expressão judicial pode perder legitimidade quanto à sua principal função de correção de rumos sociais em observância às normas jurídicas postas.

Sempre que isso ocorrer – e esse é o verdadeiro problema – haverá ofensa ao direito-dever da motivação das decisões judiciais.

É que a utilização de princípios somente é legítima na medida em que sua normatividade é posta em prova no momento da subsunção do caso concreto ao direito. Esse mecanismo jamais será previsto aprioristicamente. É reservado ao magistrado. A construção da decisão judicial é o caminho da concretização dos direitos com segurança. Os princípios jurídicos são normas que dependem de constante concretização normativa. Essa é a fluidez teórica de tais institutos. Na prática, enquanto se mantiverem fluidos, não terão serventia ou serão sempre de utilização arriscada, face à natural conformação a múltiplos resultados normativos. Nessa linha é que Heidegger diz ser o princípio "aquilo que condiciona deontologicamente o todo da experiência jurídica e oferece legitimidade para a normatividade assim instituída"[38].

A normatividade dos princípios, portanto, é muitas vezes potencial. São vetores que clamam por concretização normativa, sob pena de serem construídos ao sabor de cada aplicador.

A solidificação dos princípios passa pela prévia definição do seu conteúdo normativo. Somente assim há segurança na aplicação do princípio da proporcionalidade ou da proibição da insuficiência. Sem critérios normativos prévios ou construídos de maneira clara e objetiva no decorrer de sua aplicação, não há juridicidade na conclusão a que eventualmente se chega, pois em qualquer outro ponto seria possível chegar.

Sejam direitos fundamentais abstratos ou princípios jurídicos estruturantes do estado de direito, caso haja fluidez que lhes retire a objetividade e não permita ao intérprete (tanto da lei quanto da decisão) compreender os porquês e os percursos de cada concretização, é porque houve deficiente aplicação.

E tudo isso se desenvolve, no campo judicial, por meio da fundamentação das decisões. É com isso que se confere racionalidade à decisão judicial que aplica princípios, que decide sobre direitos fundamentais, que implementa direitos com alto grau de subjetividade, que controla a constitucionalidade de leis e atos com base em conceitos jurídicos indeterminados.

A jurisprudência, por outro lado, torna-se uniforme quando segue a formulação de conteúdo previamente formulada, seja doutrinariamente, seja por decisões judiciais pretéritas. Veja-se que, a despeito de permanecer com alto grau de subjetividade, e obviamente não escapar ao fato de serem casos difíceis, há um caminho bem definido para a

---

38. HEIDEGGER, Martin. **Ser e tempo.** 13. ed. Petrópolis: Editora Vozes, 2004, p. 537.

aplicação do princípio da proporcionalidade: deve haver os testes da adequação, da necessidade e da proporcionalidade em sentido estrito.

O problema não parece residir no que Lênio Luiz Streck chama de "pamprincipiologismo"[39]. A criação e proliferação de princípios na rotina jurídica somente será um problema enquanto tais institutos não se enquadrarem efetivamente nessa categoria normativa ou quando não forem concretizados pelo aplicador do direito por meio de fórmulas as mais objetivas possíveis, para verificação da subsunção ao caso concreto.

De qualquer modo, seguindo a discussão da abertura normativa dos princípios ou dos conceitos jurídicos indeterminados ou margeando discussões acerca de racionalidade ou argumentação e hermenêutica jurídicas, não há respostas confluentes quanto ao modo de se construir decisões judiciais bem fundamentadas.

Essa proposição parece até fincar um ponto na discussão proposta. Mas, na verdade, apenas serve como uma bifurcação, para que se siga por outro caminho de verificação, que é o da inexistência de caminho único, de melhor teoria ou de alguma resposta definitiva sobre como deve/pode decidir o juiz. A proposta quanto ao enfrentamento da justificação das decisões judiciais é de que se deve apenas buscar toques de objetivação, identificar busca por concretizações do direito e verificar o máximo possível de intersecção entre as razões expostas, o direito concretizado, a franqueza judicial[40] e a conclusão exarada.

Parece intangível a plena objetivação da justificação, a concretização absoluta e uniforme do direito, a identificação matemática da correlação entre razões expostas, razões internas, direito concretizado, sinceridade judicial e decisão proferida. Ante à abertura cognitiva dos conceitos, quaisquer caracteres e critérios parece que podem, agregados ou somados a outros, servir como fundamento suficiente para as decisões. Contudo, no bojo dessa tarefa, propõe-se a seguir a possibilidade de identificação da face negativa desse cenário: ou seja, se por um lado há incerteza quanto às razões suficientes para justificarem a fundamentação adequada, há, por outro lado, uma face de certeza no que atine a fundamentações insuficientes ou simbólicas.

---

39. STRECK, Lênio Luiz. **Hermenêutica Jurídica e(m) crise: uma exploração hermenêutica da construção do Direito**. 8 ed. Porto Alegre: Livraria do Advogado, 2009, p. 493-516.

40. Sobre a "franqueza judicial" e sua diferença da sinceridade judicial, cf. SCHWARTZMAN, Micah. ***The Principle of Judicial Sincerity***. Virginia Law Review, v. 94, n. 4, p. 992, 2008.

2.4. A JUSTIFICAÇÃO JURÍDICA ENTRE FUNDAMENTOS INSUFICIENTES E SIMBÓLICOS

Ao propor mais uma densificação normativa do dever constitucional de motivação, no primeiro capítulo deste estudo, pontuou-se a necessidade de objetivação mínima de condições subjetivas, sendo uma das vertentes a externalização de justificação jurídica que repousasse mais no direito que em caracteres extrajurídicos. Em seguida, o estudo caminhou no sentido da dificuldade de objetivação e definição do que era racional, do que significaria uma argumentação jurídica certa diante de casos difíceis. Chegou-se a apontar, então, que a dificuldade dessa resposta talvez sugerisse o abandono dessa investigação por ineficácia da busca. Por fim, indicou-se que, se não era possível, ao menos neste trabalho, solidificar a caracterização de uma fundamentação quanto à racionalidade da argumentação nela empregada, seria viável, de maneira diversa, propor a alocação da fundamentação insuficiente e simbólica, como a face negativa da justificação jurídica palatável.

Antes da proposição indicada, é pertinente ressalvar que os critérios outrora definidos neste trabalho não são afastados pelo que se expôs no parágrafo precedente. O ponto é que um dos critérios ali definidos, o mais importante, referente à objetivação mínima da justificação jurídica, ao ter seu estudo expandido, termina por enfrentar uma série de barreiras que há séculos se têm enfrentado ou desviado e assim tende a seguir.

Realizando um corte sobre o problema, sem abandonar as premissas fixadas nos tópicos anteriores, revela-se possível traçar distinção importante, que invalida a ideia de fundamentação jurídica exigida constitucionalmente em duas vias distintas, a da insuficiência de justificação e a da utilização de argumentos simbólicos distintos das reais razões de decidir. Aqui, tratar-se-á da fundamentação insuficiente, ao passo que no próximo capítulo será abordado o problema da fundamentação simbólica, no que se espera concluir a diferenciação proposta.

O problema da fundamentação insuficiente, para além do não cumprimento dos requisitos mínimos já elencados no presente estudo, pode resultar da apreciação do modo como se constrói especificamente a justificação jurídica da decisão judicial. A insuficiência resulta na impossibilidade de se ter a questão resolvida pelo enfrentamento efetivo das questões postas em discussão. Não se trata necessariamente de omissão ou obscuridade sobre pontos a respeito dos quais deveria o magistrado se manifestar. Trata-se do caminho percorrido para, de fato, demonstrar o argumento expendido na direção da conclusão a ser exarada.

Decisão judicial que, ao dizer sopesar dois direitos, conclui que, no caso concreto, um sobreleva-se diante do outro e, por isso, deve prevalecer, sem explicar quais os critérios de sopesamento, padece de insuficiência.

Insuficiente também é a decisão que, ao enfrentar determinada questão com a aplicação de um princípio constitucional, como o princípio da proibição da insuficiência, apenas conclui que no caso houve proteção insuficiente porque o Estado tem deveres de proteção e determinada pessoa terminou por ver-se alijada de um direito no caso concreto, sem que haja especificação argumentativa do preenchimento do conteúdo normativo do princípio.

Na mesma linha seguem as decisões judiciais que realizam recorte teórico sobre conceitos jurídicos indeterminados ou de conteúdo aberto e disso lhe retiram aplicação sem que haja o percurso do caso concreto sobre as bases teóricas anteriormente lançadas, como acontece comumente quanto à aplicação do princípio da proporcionalidade.

A fundamentação é insuficiente, portanto, quando peca quanto às condições causais e consequenciais mínimas, aqui elencadas como contraditório, ampla defesa, imparcialidade e maturação processual; às condições mínimas textuais, aqui inseridas clareza, coerência e cotejo analítico da relação fato-direito; e à objetivação mínima das condições subjetivas, a justificação jurídica e as condições negativas legisladas.

E, no que concerne à justificação jurídica, essa insuficiência é revelada não só pela ausência de concretização normativa de princípios ou ausência de enfrentamento direto do choque de direitos de conteúdo aberto, mas também quando essa concretização ou enfrentamento ocorre por meio de construção argumentativa meramente retórica, com a utilização de elementos jurídicos decorativos, penduricalhos retóricos[41] ou como mera deferência a erudições ornamentais[42].

Diferente é o caso em que, independente de haver o enfrentamento ou não de todas as questões sob a ótica acima criticada, que permitiria a conclusão pela insuficiência da fundamentação, verifica-se o que aqui se chama de "agir simbólico" na construção dos argumentos que compõem a fundamentação da decisão judicial. Essa classificação, abordada no capítulo seguinte, mais se aproxima do problema constitucional da separação dos poderes que efetivamente do problema processual constitucional da validade da fundamentação das decisões judiciais.

41. A expressão é utilizada por André Caixeta da Silva Mendes ao expressar a inutilidade do princípio da proibição da insuficiência na jurisprudência do Supremo Tribunal Federal, mesmo quando é expressamente utilizado como argumento de decisão. Cf. MENDES, André Caixeta da Silva. **O STF e a proibição da insuficiência: a proporcionalidade na litigância de direitos sociais.** Monografia (Especialização em Direito Público). Sociedade Brasileira de Direito Público. São Paulo: 2018. P. 66. Disponível em: <http://www.sbdp.org.br/wp/wp-content/uploads/2019/03/AndreCaixetaProibicaode-Insuficiencia.pdf>. Acesso em: 21.07.2021.

42. A expressão é utilizada por Luis Fernando Matricardi Rodrigues, em crítica semelhante à reproduzida na nota anterior, a respeito do princípio da proibição da insuficiência na jurisprudência do Supremo Tribunal Federal. Cf. RODRIGUES, Luis Fernando Matricardi. O STF às voltas com a "Navalha de Ockham": uma "Proibição de Insuficiência" como Controle de Proporcionalidade das Omissões?. In: VOJVODIC, Adriana; PINTO, Henrique Motta; GORZONI, Paula; SOUZA, Rodrigo Pagani de, (Org.). **Jurisdição Constitucional no Brasil**. São Paulo: Malheiros Editores, 2012, p. 317-334.

O PROBLEMA DA FUNDAMENTAÇÃO SIMBÓLICA DAS DECISÕES JUDICIAIS

Avaliado o dever de motivação sob o aspecto normativo, com tendência crítica à comparação do seu exercício na ótica da legitimação das decisões judiciais no âmbito da jurisdição constitucional, no que se procedeu à análise da base material da presente investigação, foi possível iniciar a abordagem do problema posto no que tange à argumentação jurídica no contexto da busca por racionalidade nas decisões proferidas pelo Poder Judiciário.

Viu-se, nessa toada, a dificuldade e a importância da construção da justificação jurídica das decisões judiciais no complexo contexto hodierno de enfrentamento judicial de embates envolvendo direitos fundamentais, sem soluções fáceis ou unívocas.

A configuração do conteúdo do dever de motivação, nessa seara, demonstra a dificuldade de sua aplicação na prática, o que se confirma pela verificação de se tratar de tema há séculos estudado pela doutrina e jurisprudência, de tão elevado grau de fluidez que a sua própria definição é também pouco concreta.

A busca por critérios jurídicos na justificação das decisões judiciais, a partir da construção de argumentos por meio de critérios que normatizem e concretizem princípios, cláusulas abertas e conceitos indeterminados é tarefa que confirma o caráter democrático do processo, ratificando também a posição da decisão judicial como *locus* metodológico de estudo do processo civil.

Com base nas premissas alinhavadas nos capítulos seguintes, já é possível arvorar-se sobre o que se reputam ser os simbolismos que se espreitam nas decisões judiciais, favorecendo os casuísmos, o maximalismo judicial e afastando a normatividade e objetividade que se espera ser busca do Judiciário em nome da manutenção do Estado de Direito que fundamenta sua atuação no bojo da separação dos poderes.

3.1. SIMBOLISMOS ENTRÓPICOS E SINTRÓPICOS

3.1.1. Delimitação do agir simbólico na construção da decisão judicial

Na perspectiva deste estudo, a adjetivação da fundamentação de decisões judiciais como simbólicas carrega consigo um aspecto crítico-valorativo negativo, afinal, parte-se do pressuposto de que isso é um problema do Direito.

Diante da equivocidade do sentido empregado na discussão antropológica, filosófica, psicanalítica, semiológica, lógica, sociológica e jurídica, sobre o que tratou Marcelo Neves[1] antes de se aprofundar no estudo da "constitucionalização simbólica", delimitar-se-á aqui o "agir simbólico" sob a perspectiva da decisão judicial e da separação dos poderes, a fim de garantir maior clareza aos contornos dos termos aqui empregados.

Vale anotar que a inspiração metodológica e da própria adjetivação do título deste trabalho partiu justamente do estudo do tratamento conferido por Marcelo Neves à chamada "constitucionalização simbólica".

As ações em geral podem ser instrumentais, que realmente buscam o fim pelo meio que expressam, ou podem ter conteúdo conotativo[2], no qual o significado latente prevalece sobre o manifesto. O mesmo pode ser dito das instituições: em determinadas situações, prevalece mais seu caráter simbólico que aquele a que teórica ou originalmente se presta.

A ideia do simbólico como expressão de algo criado mais para "parecer" do que para "ser" tem importante espaço na análise da efetividade das leis. O distanciamento entre a norma e a realidade

---

1. Para identificação sistematizada dessas distinções, que fogem do espectro material desta investigação, cf. NEVES, Marcelo. **A constitucionalização simbólica**, 3ª ed., São Paulo: Editora WMF Martins Fontes, 2011.
2. GUSFIELD, Joseph R. (1986). ***Symbolic Crusade: Status Politics and the American Temperance Movement***. 2 ed. Urbana/Chicago: University of Illinois Press [1 ed. 1963], p. 170.

fática subjacente pode conferir caráter semântico ao comando legal ou constitucional. Também é possível que esse distanciamento tenha caráter simbólico, marcado pela confirmação de valores sociais, pela demonstração da capacidade de ação do Estado e pelo adiamento da solução de conflitos sociais por meio de compromissos dilatórios. O simbolismo, aqui, serviria para manutenção de um *status quo*.

No campo judicial, pretensamente marcado pela imparcialidade, a resolução de conflitos não deve ceder espaço às dúvidas. A incerteza é o ponto de partida do provimento judicial. Aos juízes, confere-se o poder de dizer o direito justamente diante do incerto, do questionado, da pretensão resistida. A decisão judicial é o instrumento dessa expressão. Se também for incerta, nenhuma serventia terá.

A separação dos poderes é o pano de fundo da limitação à atuação judicial. Ao juiz incumbe julgar. Não é propulsor da história. Não define os rumos do Estado. Quando muito, corrige o percurso mal trilhado. Quando fundamenta sua decisão, o juiz aplica o direito posto, independentemente de dever ser ou não esta a última palavra num sistema democrático.

Nessa atividade, quanto mais racional a decisão, menos questionável será. Independente do resultado proclamado, o caminho percorrido na formação da decisão judicial é importante fator de legitimação do seu papel de imparcialidade, sobriedade e equidistância.

O nivelamento dos poderes encontra guarida, especialmente no que tange à interpretação constitucional, na legitimidade de atuação da jurisdição constitucional[3]. A equação entre Executivo e Legislativo é contrabalanceada pelas regras constitucionais e pelo natural jogo político: sobreposições, restrições, imposições e atritos representam via de mão dupla, que se acomodam conforme as circunstâncias de tempo e lugar nas democracias constitucionais sadias. A jurisdição constitucional sempre desequilibrará a equação, pois a ela incumbe a definição final dos choques em favor da constituição interpretada[4]. O que garante o equilíbrio nesses momentos é justamente a legitimidade do exercício do papel contramajoritário dos tribunais.

---

3. Cf. NOVAIS, Jorge Reis. **Direitos fundamentais e justiça constitucional em estado de direito democrático**. Coimbra Editora, 2012, p. 105-138.

4. Cf. BRANDÃO, Rodrigo. **Supremacia Judicial Versus Diálogos Constitucionais: A quem cabe a última palavra sobre o sentido da constituição?**. Rio de Janeiro: Lumen Juris, 2017.

Ao partir da premissa de que as decisões judiciais, para serem legítimas, devem ser construídas de maneira racional, é possível valorar negativamente as decisões que se constroem a partir de fundamentos conotativos, extrajurídicos ou direcionados mais à plateia do que à própria justificação do direito declarado. Como se disse, o conceito do que é ou pode ser simbólico é demasiado fluido, de difícil apropriação. Escapa às possibilidades deste estudo; escapa, aliás, a este ramo do saber.

O agir simbólico na construção de uma decisão judicial, por outro lado, é aqui identificado pela expressão do poder, que se dá por meio das decisões proferidas pelos magistrados. Isso ocorre com maior ênfase quando há interpretação constitucional, controle de constitucionalidade ou aplicação principiológica aberta, pois há um natural desequilíbrio entre funções jurídicas e políticas dos juízes. Como já se disse, não se verificam as razões filosóficas, pessoais ou ideológicas que conduzem à tomada de decisão[5]. A constatação ocorre no momento seguinte, na exteriorização do poder.

A fundamentação representa o processo de construção da decisão judicial. Independentemente de ser ela valorativa, representar ideologias ou convicções pessoais do julgador, a questão que se coloca é: quais os riscos das decisões que se expressam por fundamentos que simbolizam mais que a própria interpretação jurídica do caso, passando a penetrar, de maneira expressa, em aspectos de sistemas paralelos ao jurídico como ponto central de discussão e decisão de casos concretos?

A fundamentação de decisões judiciais é simbólica quando se embasa em aspectos que transbordam os limites da atuação jurisdicional, coloca o juiz em um papel que vai além da valoração jurídica e torna a decisão judicial a expressão conglobante dos poderes. É simbólica, quando assim proferida, porque não se reporta à sua esfera legítima de poder, mas aos seus pretensos destinatários.

O "agir simbólico" dos juízes é a atuação expressa em suas decisões que, mais que se reportar ao caso concreto à luz do direito posto,

5. Na descrição feita por Robbenolt, MacCoun e Darley, a decisão judicial se realiza em dois momentos distintos: no primeiro, há lutas internas que determinam um julgamento não exteriorizado; no segundo, há a racionalização em palavras do que foi decidido anteriormente. Cf. ROBBENNOLT, Jennifer K.; MACCOUN, Robert; DARLEY, John M. (2008). ***Multiple constraint satisfaction in judging***. UC Berkeley Public Law Research Paper N. 11333184. Disponível em: http://ssrn.com/abstract=1133184. Acesso em: 22 set. 2020.

estabelece comunicação deliberada valorativa com outros sistemas, enfatizando a já tensa relação entre direito e política em patamar que ultrapassa a aceitável, necessária e saudável simbiose entre ambos.

À medida que o Judiciário decide com fundamentos que transbordam em demasia os limites jurídicos de apreciação dos casos, coloca-se na seara dos demais poderes, inclinando-se à alopoiese do direito, utilizando expressão dos "sistemas sociais" de Niklas Luhmann[6]. Subverte-se o esquema da tripartição dos poderes. A decisão judicial é guiada a um patamar social perigoso, em que é submetida a uma potencial aprovação ou reprovação popular, assim como toda decisão política[7].

O problema da fundamentação simbólica das decisões da jurisdição constitucional, portanto, insere-se no problema da separação dos poderes, na legitimidade das decisões judiciais, na legitimação do poder judiciário e pode ser identificado e explicado, quanto à situação brasileira, pela verificação do modelo deliberativo e do modelo de julgamento do Supremo Tribunal Federal brasileiro.

3.1.2. Um contraponto: os simbolismos para a sintropia dos sistemas sociojurídicos

Antes de se avaliar o aspecto prático das afirmações do tópico anterior, por rigor metodológico, é necessário um contraponto quanto ao "simbolismo" na valoração negativa aqui atribuída. Os aspectos negativos do agir simbólico devem ser avaliados com temperamentos, pois há certa escala em que a simbologia de condutas, institutos ou instituições pode ter efeitos benéficos e não ser necessariamente um problema, inclusive na relação entre direito e política que permeia esta análise.

---

6. Cf. LUHMANN, Niklas. ***Social Systems***. Stanford: Stanford University Press, 1995.

7. BARROSO, Luís Roberto. **Curso de Direito Constitucional Contemporâneo: Os Conceitos Fundamentais e a Construção do Novo Modelo.** 7. ed. São Paulo: Saraiva, 2015. v. 1. p. 443. Para Barroso, "Diversas objeções têm sido opostas, ao longo do tempo, à expansão do Poder Judiciário nos Estados constitucionais contemporâneos. Identificam-se aqui três delas [político-ideológica; capacidade institucional; e limitação do debate]. Tais críticas não infirmam a importância do papel desempenhado por juízes e tribunais nas democracias modernas, mas merecem consideração séria. O modo de investidura dos juízes e membros dos tribunais, sua formação específica e o tipo de discurso que utilizam são aspectos que exigem reflexão. Ninguém deseja o Judiciário como instância hegemônica e a interpretação constitucional não pode se transformar em usurpação da função legislativa. Aqui, como em quase tudo o mais, impõem-se as virtudes da prudência e da moderação."

Mesmo que em breve linhas, explica-se como o simbolismo pode ser favorável ao equilíbrio, e não um fator de insegurança.

A sintropia é a régua que mede o grau de organização e equilíbrio de um sistema. Há diversas acepções simbólicas relevantes para manutenção da organização sociojurídica. Essa é a face positiva dos simbolismos, no sentido oposto à valoração cunhada no título deste capítulo. Ou talvez seja apenas uma característica ínsita a determinados institutos e certas instituições.

De um modo ou de outro, para falar em agir simbólico e imprimir a valoração negativa já prenunciada no tópico anterior, não se pode deixar de tratar dessa outra feição (aqui chamada "positiva") do que pode ser simbólico no âmbito sociojurídico. Com isso, poder-se-á distinguir o que é simbólico em nome da sintropia do sistema daquilo que é simbólico com tons de inadequação, ilegitimidade, periculosidade.

Sem pretender trazer toda e qualquer situação que se enquadre no prisma mencionado, alguns exemplos são interessantes para demonstrar essa função naturalmente simbólica de determinados *standards* jurídicos.

Para Mário G. Losano[8], a pirâmide Kelseniana é o símbolo da desigualdade ordenada da sociedade, representa a pretendida perfeição do sistema jurídico e tem duas funções: a prática, de facilitar a compreensão do direito, e a psicológica, de transmitir a convicção de que é o direito um sistema ordenado e completo. Disso resulta o que o autor chama de "fascínio simbólico da pirâmide".

A verificação do direito como algo hierarquizado, com contornos definidos, fornece o que a sociedade, inclusive a jurídica, necessita para ter a segurança que espera. De fato, como diz Losano, há muito não se verifica a aplicação piramidal do direito. Mas a verificação da aplicação em rede, como sugerida pelo autor, é de difícil compreensão e aceitação, pois retira do homem a tranquilidade da completude que sempre lhe agrada.

O fascínio não é pela pirâmide de normas, mas pelo que ela representa. É um modelo que simboliza início, meio e fim. Reflete

---

8. LOSANO, Mário G. **Modelos teóricos, inclusive na prática: da pirâmide à rede: novos paradigmas nas relações entre direitos nacionais e normativas supraestatais**. Revista do Instituto dos Advogados de São Paulo. Ano 8, n. 16, julh-dez, São Paulo: RT, 2005.

a estratificação social. Ordena a cadeia normativa. O desordenado assusta. Os símbolos confirmatórios de *status quo* aquietam.

Apesar de conduzir à superação da ideia piramidal, Losano ressalta que o modelo piramidal do direito, examinado no contexto da sociedade industrial, influiu na realidade do seu tempo, contribuiu para a criação da justiça constitucional e propiciou ambiente de pacificação quanto ao modelo tradutor do direito.

É o simbolismo a favor da sintropia do sistema.

A constituição brasileira prevê que os ministros da suprema corte, além do requisito etário, deverão ter notável saber jurídico e reputação ilibada[9]. Esses conceitos indeterminados representam a confirmação do simbólico cidadão de bem[10] no exercício do poder, tanto é assim que essa exigência constitucional somente alcança os membros da mais alta corte judiciária, mas não alcança, por exemplo, o Presidente da República ou os membros do Poder Legislativo.

O juiz, além da função prática de resolver conflitos com isenção, tem a função simbólica da sensatez. Deve inspirar confiança. Se sua principal função é a pacificação social com justiça, espera-se do julgador a inspiração do homem médio. Por isso, não raras vezes são os juízes comparados com figuras mitológicas. A metáfora de Ronald Dworkin, por exemplo, traz a célebre definição do juiz Hércules[11], figura prudente que aplica o direito com a integridade dos elementos jurídicos para chegar à solução mais justa no caso concreto.

A figura quase mítica do juiz, amparada constitucionalmente no Brasil especialmente pelo conceito de "reputação ilibada", representa a simbologia necessária ao direito na personificação do bom julgador, necessário para resguardar a ordenação social.

É o simbolismo a favor da sintropia do sistema.

Na sociologia, estuda-se com afinco o papel simbólico do exército na conformação sociopolítica brasileira. A par da inafastável função das forças militares no resguardo da soberania estatal, a história

---

9. MENDES, Gilmar Ferreira; COELHO, Inocêncio Mártires; BRANCO, Paulo Gustavo Gonet. **Curso de direito constitucional.** São Paulo: Saraiva, 2008. Curso de direito constitucional. 11ª ed. São Paulo: Saraiva, 2016.

10. O conceito de "cidadão de bem" é desenvolvido, entre outros, por Platão. Cf. PLATÃO. **A República**, Fundação Calouste Gulbenkian, Lisboa, 9a Edição, 1949.

11. DWORKIN, Ronald; RIOS, Gildo. **O império do direito**. Martins Fontes, 1999.

brasileira vincula os militares à ordenação, à retidão. Aqui também está presente a figura do cidadão de bem.

Desde o período imperial no Brasil, em que os militares ocupavam a elite política, chegando ao Século XX, fala-se na definição do perfil e da identidade institucional do exército pela adoção de elementos simbólicos[12]. É o caso da afirmação do valor legalidade e o afastamento do contexto político que logo se converteu na confiança da sociedade no papel do militar na proteção contra os distúrbios e contra as anarquias políticas com ideais sociais vinculados ao proletariado (ou a chamada "ameaça comunista")[13]. Vincula-se o militar à ideia de nação pacificada, protegida, una.

Esse contexto histórico, tratado por Celso Castro no enfrentamento da criação do culto ao patrono do exército brasileiro, tem contornos nitidamente políticos. Essa representação decorre do caráter simbólico da figura dos militares a favor da sintropia dos sistemas.

No semipresidencialismo português, é possível apontar uma representação possivelmente simbólica do Presidente, com bons ou maus efeitos. Carlos Blanco de Morais refere-se à "propensão para uma presidência colaborante, cerimonial, certificatória e residualmente arbitral e moderadora"[14]. Mesmo no sistema político português, com bastante restrição de exercício do poder, a figura do presidente tem papel simbólico relevante, sendo figura de contenção e de moderação, que serve (também) para inspirar confiança e segurança à sociedade.

O simbolismo habita no direito, portanto. Faz parte da solidificação das estruturas sociais. Há alguns campos, no entanto, em que as expressões simbólicas carregam conotação negativa, pois tem o efeito contrário ao da conformação social. Quando o agir simbólico representa o afastamento da efetividade da expressão do poder, permite o questionamento da legitimidade da ação levada a efeito.

Na esfera da separação dos poderes, o questionamento da legitimidade do exercício da jurisdição, especialmente a constitucional, no

12. CASTRO, Celso Corrêa Pinto de. **Entre Caxias e Osório: a criação do culto ao patrono do Exército brasileiro.** Revista Estudos Históricos, Rio de Janeiro, v. 14, n. 25, p. 103-118, jul. 2000. ISSN 2178-1494. Disponível em: <http://bibliotecadigital.fgv.br/ojs/index.php/reh/article/view/2112>. Acesso em: 28 Set. 2020.

13. *Ibidem*, p. 103-118.

14. MORAIS, Carlos Blanco de. **O sistema político no contexto da erosão da democracia representativa.** Coimbra: Almedina, 2017, p. 414.

choque entre direito e política, deve ser feito não no campo teórico das ideias da última palavra sobre a constituição, mas no aspecto prático da expressão do poder. Mais importante que o resultado da decisão é o caminho trilhado na argumentação jurídica, na hermenêutica judicial. O afastamento da juridicidade é que põe em xeque a legitimidade do poder.

3.2. A SOMA DE RAZÕES PÚBLICAS: A MOTIVAÇÃO COLEGIADA DIFUSA

3.2.1. O problema da decisão colegiada e o Supremo Tribunal Federal como espelho de análise

Para averiguar o problema investigado, mesmo sem adentrar em todas as esferas do debate que gira em torno do papel desempenhado pelo Supremo Tribunal Federal nos últimos tempos, é preciso definir a posição deste tribunal no sistema constitucional brasileiro. Isso permitirá delimitar o objeto do presente estudo, que, apesar de ampliável à decisão judicial de um modo geral, em qualquer esfera que seja, pode ser mais bem apreciado quando se realiza um recorte específico na verificação da atuação da corte suprema do país, com enfoque específico no modo como são construídas as decisões judiciais, na linha do caráter expansivo dessa jurisdição em face até mesmo dos normativos efeitos irradiantes de suas decisões.

Essa alocação é necessária, do ponto de vista metodológico, em razão da multiplicidade de competências do STF e da delimitação temática do presente estudo, que gira em torno do exercício da jurisdição constitucional.

O português Carlos Blanco de Morais[15] diz que o STF exerce um "autêntico poder arbitral, moderador e até impulsionador de alterações normativas e, ainda, criador de factos políticos", sustentando, ainda, que "nunca nenhum ordenamento ocidental roçou, como no Brasil, as fronteiras paradigmáticas do chamado 'Estado Judicial', antevisto por Carl Schmitt".

Schmitt questionava Hans Kelsen quanto à existência de um tribunal constitucional que concentra e monopoliza o controle da constituição,

15. MORAIS, Carlos Blanco de. **O sistema político no contexto da erosão da democracia representativa**. Coimbra: Almedina, 2017, p. 414.

afirmando que isso determinaria uma politização da justiça mais que uma judicialização da política[16]. Trata-se de debate que bem se amolda ao objeto do presente estudo, pois gravita em torno da separação dos poderes. Atualmente, é possível verificar problemas em ambas as teses, de Kelsen e de Schmitt, mas certamente determinadas pela exacerbação do exercício de competências naturalmente concebidas para atuarem com mais contenção que o que efetivamente se pratica.

No Brasil, essa tensão parece alcançar patamares mais elevados que o comum, em razão do modelo constitucional analítico brasileiro, da alocação do Supremo com múltiplas funções, da crise de representatividade que certamente fere com mais força os países periféricos e da própria forma de atuar do STF, cada vez mais ampliada por sua própria jurisprudência.

Numa visão da atuação do STF brasileiro como progressista, Luís Roberto Barroso, atualmente ministro da Corte, afirma que as cortes constitucionais, entre as quais enquadra o Supremo Tribunal brasileiro, têm sido contramajoritárias, representativas e iluministas. Neste último caso, porque, segundo sustenta, "ao longo da história, alguns avanços imprescindíveis tiveram de ser feitos, em nome da razão, contra o senso comum, as leis vigentes e a vontade majoritária da sociedade"[17].

É certo que a expansão das cortes constitucionais não é um fenômeno estritamente brasileiro. É possível registrar seu início ainda no século passado, por meio dos realistas nos Estados Unidos[18], em período que se convencionou chamar de Era Lochner na Suprema Corte americana.

No Brasil, segundo Oscar Vilhena Vieira, em "Supremocracia", estudo cujo título já antecipa o seu tom crítico, essa expansão da jurisdição constitucional decorre de uma "ambição constitucional", por ser a Constituição Federal de 1988 analítica e maximalista[19], e da existência

---

16. Sobre isso, de maneira sistematizada, cf. HERRERA, Carlos Miguel. ***La polémica Schmitt-Kelsen sobre el guardián de la Constitución.*** Revista de Estudios Políticos, n. 86, p. 195-228, 1994.
17. BARROSO, Luís Roberto. **A judicialização da vida e o papel do Supremo Tribunal Federal.** Belo Horizonte: Fórum, 2018, p. 165.
18. FRANK, Jerome. ***Law and the Modern Mind***. New York: Anchor Books Anchor Books, Doubleday & Co., 1963.
19. Oscar Vilhena Vieira assevera o seguinte: "A equação é simples: se tudo é matéria constitucional, o campo de liberdade dado ao corpo político é muito pequeno." Cf. VIEIRA, Oscar Vilhena. **Supremocracia.** Revista Direito GV, [S.l.], v. 4, n. 2, p. 441-463, jul. 2008. ISSN 2317-6172. Disponível em: <http://bibliotecadigital.fgv.br/ojs/index.php/revdireitogv/article/view/35159/33964>. Acesso em: 24 Set. 2020.

de "competências superlativas" do STF, em razão dos amplos poderes conferidos ao tribunal, que congrega funções de tribunal constitucional[20] (controle de constitucionalidade abstrato, inclusive de omissões, bem como mandados de injunção para assegurar a implementação de direitos fundamentais), de foro judicial especializado (julgamento e até investigação[21] criminal de altas autoridades da república e a apreciação de atos secundários do parlamento ou do executivo[22]) e de tribunal de recurso de última instância (julgamento de recursos extraordinários de índole constitucional, o que se explica, entre outras razões, pela coexistência de um sistema difuso de controle de constitucionalidade e de um sistema concentrado de controle de constitucionalidade).

Com base nisso, o autor pontua[23] que o STF tem tido proeminência na arena de deliberação pública, em razão da popularização do debate (audiências públicas e intervenções de *amici curiae*) e da avaliação das escolhas políticas, ponto em que categoricamente afirma que o STF "não se vê apenas como uma instituição que pode vetar decisões parlamentares claramente inconstitucionais", mas que se arvora a comparar a "qualidade constitucional das decisões parlamentares com as soluções que a própria Corte venha a imaginar".

Conclui, então, Vieira, que:

> (...) se, por um lado, a liberdade com que o Supremo vem resolvendo sobre matérias tão relevantes demonstra a grande fortaleza que esta

---

20. Cf. VELLOSO, Carlos. **O Supremo Tribunal Federal, corte constitucional.** Revista de Direito Administrativo, Rio de Janeiro, v. 192, p. 1-28, abr. 1993. ISSN 2238-5177. Disponível em: <http://bibliotecadigital.fgv.br/ojs/index.php/rda/article/view/45732/47284>. Acesso em: 23 Set. 2020. doi:http://dx.doi.org/10.12660/rda.v192.1993.45732.

21. Em 2020, o STF considerou constitucional a determinação para instauração de inquérito policial promovida pelo presidente da corte, o que se deu no Inquérito 4781, com o intuito de apurar a existência de notícias fraudulentas (*fake news*), denunciações caluniosas, ameaças e atos que podem configurar crimes contra a honra e atingir a honorabilidade e a segurança do STF, de seus membros e familiares. Cf. BRASIL. Supremo Tribunal Federal. **Arguição de Descumprimento de Preceito Fundamental n° 572.** Tribunal Pleno. Relator: Edson Fachin. Data de Julgamento: 18.06.2020. Data de Publicação: 13.08.2020.

22. Sobre isso, Oscar Vilhena Vieira pontua o seguinte: "O Supremo serve, nessas circunstâncias, como um tribunal de pequenas causas políticas. Desconheço outro tribunal supremo do mundo que faça plantão judiciário para solucionar quizílias, que os parlamentares não são capazes de resolver por si mesmos." Cf. VIEIRA, Oscar Vilhena. **Supremocracia**. Revista Direito GV, [S.l.], v. 4, n. 2, p. 441-463, jul. 2008. ISSN 2317-6172. Disponível em: <http://bibliotecadigital.fgv.br/ojs/index.php/revdireitogv/article/view/35159/33964>. Acesso em: 24.09.2020.

23. VIEIRA, Oscar Vilhena. **Supremocracia.** Revista Direito GV, [S.l.], v. 4, n. 2, p. 441-463, jul. 2008. ISSN 2317-6172. Disponível em: <http://bibliotecadigital.fgv.br/ojs/index.php/revdireitogv/article/view/35159/33964>. Acesso em: 24.09.2020.

instituição adquiriu nas duas últimas décadas, contribuindo para o fortalecimento do Estado de Direito e do próprio constitucionalismo, por outro, é sintoma da fragilidade do sistema representativo em responder as expectativas sobre ele colocadas.[24]

As competências superlativas do STF são reforçadas, ainda, pela previsão constitucional da possibilidade de edição de súmulas, que, segundo o art. 103-A da CF/88, a partir de sua publicação na imprensa oficial, terão efeitos vinculantes em relação aos demais órgãos do Poder Judiciário e à administração pública direta e indireta, nas esferas federal, estadual e municipal, bem como pela previsão da iniciativa de lei complementar ao Supremo para dispor sobre o Estatuto da Magistratura, como consta no art. 93 da CF/88.

Seguindo essa linha crítica, aqui compartilhada, é possível afirmar o caráter juriscêntrico da atuação do STF[25]-[26], pautada em decisões judiciais fundamentadas em argumentos abstratos, em princípios a que não se atribui conteúdo jurídico e densidade normativa, como a proporcionalidade e a proibição do déficit, havendo pouca agregação ao aspecto nuclear da democracia deliberativa, de maneira incompatível com o princípio da economia da discordância moral.

O maximalismo das decisões do STF em questões complexas[27], construídas a partir de fundamentos abstratos, ambíguos e sujeitos ao desacordo, termina por negar a responsividade do povo[28] pelos destinos do Estado e fortalecer a polarização do debate político[29] em vez de fomentar a pacificação social.

---

24. Idem.
25. BRANDÃO, Rodrigo. **Supremacia Judicial Versus Diálogos Constitucionais: A quem cabe a última palavra sobre o sentido da constituição?.** Rio de Janeiro: Lumen Juris, 2017, p. 260-267.
26. Verificando como positiva a centralidade do Poder Judiciário, cf. BARROSO, Luís Roberto. **A razão sem voto: o Supremo Tribunal Federal e o governo da maioria.** Revista Brasileira de Políticas Públicas, Brasília, v. 5, Número Especial, 2015, p. 23-50.
27. Sobre isso, defendendo que deve haver "postura cautelosa e humilde" quando a Corte se depara com questões de alta complexidade, caracterizadas pela falta de informações, mutabilidade das circunstâncias e desacordo moral razoável e irremediável, fatores que aumentam os "custos da decisão e de erro", cf. SUNSTEIN, Cass. R. **One case at a time – judicial minimalismo in the Supreme Court.** Cambridge: Harvard University Press, 2001, p. 46/61.
28. Segundo Robert Justin Lipkin, a responsividade ao povo passa por três verificações: *input-accountability* (controle eleitoral), *process-accountability* (comunicação às autoridades no processo decisório) e output-accountability (possibilidade de remoção da autoridade ou alteração de suas decisões, em caso de discordância). Cf. LIPKIN, Robert Justin. ***Wich Constitution? Who decides? The problem of judicial supremacy and the interbrach solution***. In: Cardozo Law Review, 2006, v. 28., n. 3, p. 1057.
29. Cf. MAUS, Ingebord. **O Direito e a política: teoria da democracia.** Belo Horizonte: Del Rey, 2009.

De tudo isso, é possível concluir parcialmente que o Supremo ocupa uma posição de centralidade no cenário jurídico-político brasileiro, com funções que vão muito além de julgar, funcionando como fonte normativa, por meio das súmulas vinculantes, e apreciando questões tanto afetas à formatação de resoluções de questões políticas, como se deu, por exemplo, quando definiu o rito do procedimento de impeachment da então presidente, Dilma Rousseff[30] em 2015, quanto ligadas ao controle de constitucionalidade propriamente dito, inclusive no que tange a omissões do Poder Público, como ocorreu recentemente quando reconheceu a omissão legislativa na proteção dos direitos fundamentais da comunidade LGBTI+ criminalizando a homofobia e a transfobia como racismo[31].

Os resultados, por si só, geram questionamentos, polarização, dúvidas, como já se disse. Talvez isso seja algo indissociável face aos problemas brasileiros. Se o tribunal adotasse postura minimalista, as críticas possivelmente seriam outras, afinal, é bastante difícil despolarizar assuntos relevantes, de alta complexidade e que despertam emoções.

Se é preciso comedimento e racionalidade para se imiscuir em temas que são arriscados sob o ponto de vista da tripartição dos poderes, a verificação da construção das decisões judiciais coloca-se como importante ponto para demonstração de um sério problema para o equilíbrio do sistema jurídico-político brasileiro.

As decisões judiciais trazem ao mundo a razão pública na definição dos casos julgados, sejam seus efeitos *erga omnes* ou *inter partes*, sejam suas análises *in concreto* ou *in abstrato*.

No início deste estudo, num viés mais dogmático, a questão foi identificada e abordada no que tange aos aspectos gerais da formação da decisão judicial e da imposição constitucional e legal da motivação verdadeira – aqui chamada de "material". Há, no entanto, uma vertente mais cinzenta da motivação das decisões judiciais quando se coloca à mesa o modelo de deliberação e julgamento das cortes colegiadas.

30. BRASIL. Supremo Tribunal Federal. **Arguição de Descumprimento de Preceito Fundamental n° 378.** Tribunal Pleno. Redator para acórdão: Roberto Barroso. Data do Julgamento: 16.03.2016. Data da Publicação: 04.08.2016.

31. BRASIL. Supremo Tribunal Federal. **Ação Direta de Inconstitucionalidade por Omissão nº 26.** Tribunal Pleno. Relator: Celso de Mello. Data do Julgamento: 16.06.2019. Data da Publicação: 06.10.2020.

Idealmente voltada à solidificação do "dizer o direito" pela descentralização do poder das mãos de apenas uma pessoa, bem assim pela relativa democratização do debate a uma casta de juízes, em teoria, mais experiente ou mais capacitada[32], a colegialidade traz consigo problemas quanto à motivação da decisão judicial. O que se espera dos tribunais, ao julgarem recursos ou demandas originárias, é que expresse a decisão daquela corte, e não que a decisão seja a soma das decisões que mais se aproximam entre si proferidas pelos juízes que integram aquele colégio.

A unidade do direito, aliada à segurança jurídica que se espera das decisões judiciais, parece repudiar a ideia quase que eleitoral de decisões formadas pela soma de votos que se aproximam. Esperam-se soluções as mais uníssonas possível, seguras, sóbrias, equidistantes, razoáveis. Espera-se uma manifestação do tribunal, do colégio, e não uma nova construção isolada de cada juiz que compõe a respectiva corte.

Esse é o problema de que se ocupa neste tópico, sendo relevante anotar, até por rigor metodológico, que as análises tomam por referência o Supremo Tribunal Federal, por agregar o modelo de deliberação e julgamento brasileiro com maior ênfase, com maior publicidade e até mesmo com maior capacidade de refração a todas as instâncias inferiores. Além disso, o recorte é necessário para conferir solidez ao estudo, ao contrário do que resultaria da fluidez que resultaria de pesquisa expandida para todos os tribunais do país.

É por isso, portanto, que a presente investigação, daqui em diante, passa a ter um objeto principal de análise para confirmação da tese até então construída: a avaliação da motivação das decisões judiciais a partir do modelo cunhado no STF.

3.2.2. O modelo não deliberativo dos julgamentos colegiados: análise a partir de estudos de Virgílio Afonso da Silva sobre o Supremo Tribunal Federal

A investigação a respeito do modo de deliberação e julgamento do STF passa, antes, pela alocação de que faceta do tribunal se está a falar. É que há um rol extenso de competências constitucionais, que

32. Essa conclusão é extraída do modo como os juízes ingressam nos tribunais recursais: em regra, por antiguidade ou merecimento, a teor do disposto no art. 93, II, da CF/88.

confere ao STF múltiplas funções, variando da sua vertente como corte constitucional a um tribunal de julgamento de recursos, inclusive com a possibilidade de decisões monocráticas por cada ministro.

A verificação que se propõe, aqui, refere-se à posição do STF como um tribunal constitucional na versão brasileira[33]. Isso quer dizer que a configuração como tribunal constitucional do STF, diante dos inúmeros artifícios criados pela constituição, pelas leis e pela própria jurisprudência do Supremo[34], faz com que, em muitas situações que aparentemente não se enquadrariam num julgamento de uma corte constitucional[35], o STF profira decisões cujos efeitos são tão relevantes (vinculantes, abstratos) que modificam a ordem política, constitucional e vinculam os demais órgãos. Essa modificação ocorre em patamares que fazem com que essa formatação - nem sempre tão clara, pois a própria corte muitas vezes reformata seu *modus operandi* - deva receber tratamento como se de uma das faces apenas estivesse se tratando, a de tribunal constitucional.

A formatação da tripartição dos poderes traz consigo a ideia, no que tange especificamente ao controle de constitucionalidade, da existência de um tribunal que organicamente realiza a conformação de leis, atos administrativos e omissões aos comandos constitucionais, sejam eles repressivos, mandamentais ou programáticos, o que se mostra com bastante vigor quando se trata de temas de direitos fundamentais. Aqui, certamente, tem-se o papel mais importante do judiciário, como forma de proteção das pessoas em face da tirania das maiorias, que, segundo John Stuart Mill é "incluída entre os males contra os quais a sociedade precisa ser protegida"[36].

---

33. Por mais que não haja um absoluto rigor formal nessa definição, a multiplicidade de funções do Supremo, bem como o embasamento teórico do tópico precedente permitem a confirmação de que funções podem ser enquadradas neste conteúdo.

34. Como exemplo citam-se as seguintes situações: Repercussão geral como requisito para apreciação de casos no STF; exigência de prequestionamento da matérias nas instâncias inferiores; exigência de ofensa direta à constituição; efeitos *erga omnes* dos julgados proferidos, possibilidade de edição de súmulas com efeitos vinculantes; objetivação do controle difuso de constitucionalidade, aplicação da teoria concretista aos mandados de injunção; integração de omissões julgadas inconstitucionais pela aplicação de normas com conteúdo semelhante ao julgado.

35. Um exemplo bem claro disso é o famoso caso da prisão decorrente do julgamento em segunda instância, que passou por idas e vindas na jurisprudência do Supremo, afetando toda a ordem jurídico-política do Estado, inclusive, relativamente, a política criminal e carcerária, e foi fixada inicialmente no HC 68726 (Plenário. Rel. Min. Néri da Silveira, 28/06/1991), alterada no HC 84078 (Rel. Min. Eros Grau, 05/02/2009), novamente alterada no HC 126292 (Rel. Min. Teori Zavascki, 17/02/2016) e, ao que parece, enfim definida no julgamento das ADC 43, 44 e 54 (Rel. Min. Marco Aurélio, 07/11/2019).

36. MILL, John Stuart. ***On Liberty***. Londres: Longmans, 1874, p. 13.

A definição desses rumos por apenas uma vontade manifesta não seria algo concebível. A junção de vários juízes numa corte tem a função de, no espaço público de tomada de decisões, conferir privilégio ao argumento sobre a contagem de votos, sendo marcado pela persuasão e pela possibilidade de ser persuadido por razões imparciais[37].

O tribunal deve falar por si, e não pelos seus atores. A contenção esperada de uma corte judicial exige que a decisão seja fruto do máximo consenso possível, seja expressa como a decisão de um órgão/instituição, e não de um conjunto de pessoas. Pessoas têm sentimentos, opiniões políticas, religiões, podem ser antipáticas, simpáticas, interessantes, desinteressantes. Instituições até podem imprimir carga valorativa às suas decisões, afinal, as vontades emanam de pessoas, mas a recepção pelo destinatário tende a ser menos conflituosa.

As cortes devem veicular a "razão pública"[38] que define a proteção de direitos e mantém a estrutura constitucional firme, funcionando como um "fórum de princípios"[39].

Em face da racionalidade esperada das decisões das cortes constitucionais, espera-se um ambiente institucional insulado e com imposições de ônus argumentativos, do que se pode até falar em um "tipo superior de razão" que emana desses tribunais[40].

O modelo deliberativo de uma corte constitucional, portanto, deve resultar em algo melhor que um somatório de decisões. A deliberação deve ser genuína, de modo a expressar uma conjunção de pensamentos debatidos, deliberados e que, ao final, convergem no sentido da decisão de um tribunal, de um colégio.

Sobre isso, explicando o que o julgamento colegiado implica, Virgílio Afonso da Silva sustenta que:

> A colegialidade implica, entre outras coisas, (i) a disposição para trabalhar em equipe; (ii) a ausência de hierarquia entre os juízes (pelo menos no sentido de que os argumentos de todos e quaisquer

37. MENDES, Conrado Hübner. **O projeto de uma corte deliberativa. Jurisdição Constitucional no Brasil.** São Paulo: Malheiros, p. 54-73, 2012, p. 56.
38. RAWLS, John. ***The idea of public reason revisited***. University of Chicago Law Review, n. 64, p. 765-807, 1997.
39. DWORKIN, Ronald. ***A Matter of Principle***. Cambridge, Harvard University Press, 1985.
40. MENDES, Conrado Hübner. **O projeto de uma corte deliberativa. Jurisdição Constitucional no Brasil.** São Paulo: Malheiros, p. 54-73, 2012, p. 56.

> juízes têm o mesmo valor); (iii) a vontade de ouvir os argumentos apresentados por outros juízes (ou seja, estar aberto para ser convencido por bons argumentos de outros juízes); (iv) cooperação no processo de tomada de decisão; (v) respeito mútuo entre os juízes; (vi) a disposição para falar, sempre que possível, não como uma soma de indivíduos, mas como uma instituição (consenso buscando deliberação). (tradução nossa)[41].

Nada disso significa repudiar os votos divergentes ou o dissenso na corte. Pelo contrário, isso é o que permite a evolução dos julgados em prol de uma decisão consensualizada, deliberada, racional. O que não parece corresponder ao modelo deliberativo esperado de uma corte constitucional é a somatória como regra na prática da corte.

No STF, é muito difícil estabelecer qual a posição do tribunal sobre determinados pontos[42]. O modelo deliberativo conflui para a posição de cada ministro e a definição do tribunal resulta, na maioria das vezes, da contagem de votos que mais se assemelham ou tem as mesmas conclusões (por mais que, muitas vezes, sigam fundamentos distintos)[43].

---

41. *Collegiality implies, among other things, (i) the disposition to work as a team; (ii) the absence of hierarchy among the judges (at least in the sense that the arguments of any and all judges have the same value); (iii) the willingness to listen to arguments advanced by other judges (i.e. being open to be convinced by good arguments from other judges); (iv) a cooperativeness in the decision-making process; (v) mutual respect among judges; (vi) the disposition to speak, whenever possible, not as a sum of individuals but as an institution (consensus seeking deliberation).* SILVA, Virgílio Afonso. ***Deciding without deliberating.*** *International Journal of Constitutional Law*. v. 11, n. 3, 2013.

42. Essa constatação foi feita, entre outras situações, pelo então Min. Cezar Peluso, quando do julgamento no STF da Rcl. 9428, ocasião em que afirmou: "Não raro, e é coisa notória, colhem-se, ainda em casos de unanimidade quanto à decisão em si, públicas e irredutíveis divergências entre os fundamentos dos votos que a compõem, os quais não refletem, nem podem refletir, sobretudo para fins de caracterização de paradigmas de controle, a verdadeira *opinion of the Court.*" Cf. BRASIL. Supremo Tribunal Federal. **Reclamação nº 9428.** Tribunal Pleno. Relator: Cezar Peluso. Data de julgamento: 10.12.2009. Data de Publicação: 24.06.2010.

43. Nesse mesmo sentido, Oscar Vilhena Vieira sustenta o seguinte: "Hoje, o que temos é a somatória de 11 votos (que, em um grande número de casos, já se encontram redigidos antes da discussão em plenário) e não uma decisão da Corte, decorrente de uma robusta discussão entre os Ministros. Isto seria muito importante para que a integridade do Supremo, enquanto instituição colegiada, fosse mantida. Quando nos perguntamos qual a decisão do Supremo no caso das células-tronco, fica evidente que há uma multiplicidade de opiniões. Mesmo se pegarmos o voto do relator, que foi muito além da *questio iuris* submetida ao Tribunal, o que dali foi aceito pela maioria e o que não foi aceito? Quais são os efeitos precisos da decisão? Assim, as decisões precisam deixar de ser vistas como uma somatória aritmética de votos díspares. Na realidade, o que o sistema jurídico necessita são decisões que correspondam a um maior consenso decorrente de um intenso processo de discussão e deliberação da Corte. Evidente que sempre deverá haver espaço para votos discordantes e opiniões complementares, mas a maioria deveria ser capaz de produzir uma decisão acordada, um acórdão, que representasse a opinião do Tribunal. Isto daria mais consistência a decisões judiciais de grande impacto político." Cf. VIEIRA, Oscar Vilhena. **Supremocracia.** Revista Direito GV, [S.l.], v. 4,

Isso decorre, em grande parte, do modelo de deliberação e julgamento do Supremo Tribunal Federal brasileiro, que termina por conferir maior importância aos votos isoladamente considerados que à posição final da corte propriamente dita, no que se pode afirmar a "predominância de um *ethos* de 'juízes solistas'"[44] em vez de deliberadores na corte brasileira.

Segue um breve resumo do modo de votação no STF.

As votações para análise de inconstitucionalidades são instaladas com a presença de 8 dos 11 ministros, as aprovações dão-se por maioria absoluta, sendo necessários 6 votos em determinado sentido, e o presidente vota normalmente (e não somente em caso de desempate), conforme disposto no art. 22 da Lei n° 9.868 de 10 de novembro de 1999[45].

O processo decisório é agregativo: cada juiz confecciona seu voto e o profere em sessão; todos os votos são publicados[46], sejam eles concorrentes ou dissidentes, não importando se as razões são distintas. Não há a decisão da corte, mas uma série decisões que de algum modo se somam para o resultado final[47]. Institucionalmente, publica-se como resultado do julgamento a ementa e o acórdão.

Com inspiração nas críticas formuladas por Virgílio Afonso da Silva[48], relacionam-se alguns obstáculos a um modelo verdadeiramente deliberativo no STF: (1) há um voto quase secreto[49] do relator do caso, pois, até a sessão de julgamento, somente é transmitido aos

---

n. 2, p. 441-463, jul. 2008. ISSN 2317-6172. Disponível em: <http://bibliotecadigital.fgv.br/ojs/index.php/revdireitogv/article/view/35159/33964>. Acesso em: 24 Set. 2020. p. 458.

44. MENDES, Conrado Hübner. **O projeto de uma corte deliberativa.** Jurisdição Constitucional no Brasil. São Paulo: Malheiros, p. 54-73, 2012. p. 54.

45. BRASIL. Lei n° 9.868 de 10 de novembro de 1999. Dispõe sobre o processo e julgamento da ação direta de inconstitucionalidade e da ação declaratória de constitucionalidade perante o Supremo Tribunal Federal. **Diário Oficial da União**, Brasília, DF,11 nov. 1999. Disponível em: <http://www.planalto.gov.br/ccivil_03/leis/l9868.htm>. Acesso em: 22 jul. 2021.

46. De modo distinto, e muito mais consentâneo com a ideia de uma corte constitucional, tem-se que as deliberações da suprema corte alemã são secretas e as decisões são pronunciadas apenas pelo presidente da corte e de modo quase sempre consensual.

47. Cf. SILVA,Virgílio Afonso. **Deciding without deliberating.** International Journal of Constitutional Law. v. 11, n. 3, 2013.

48. Ibidem.

49. SILVA, Virgílio Afonso da. **"Um voto qualquer"? O papel do ministro relator na deliberação no supremo tribunal federal.** REI – Revista Estudos Institucionais, [S.l.], v. 1, n. 1, p. 180-200, jan. 2016. ISSN 2447-5467. Disponível em: <https://estudosinstitucionais.com/REI/article/view/21/22>. Acesso em: 24 set. 2020. doi:https://doi.org/10.21783/rei.v1i1.21.

demais julgadores o relatório do caso (relato fático e dos argumentos em voga); o voto (decisão propriamente dita quanto à solução dada ao caso julgado) é proferido na sessão de julgamento, de forma que os demais ministros vão à sessão de julgamento sem saber qual a posição do relator; (2) todos os votos são escritos, lidos em sessão e posteriormente publicados, mas há uma ordem de votação, que se inicia com o relator e finaliza com o presidente, seguindo nesse caminho o critério de antiguidade entre os ministros, o que segundo, Silva, faz com que os últimos votos possam ter menos influência na formação do resultado final; (3) há possibilidade de pedidos de vista, ocasião em que os juízes podem pensar mais a respeito do caso, mas sozinhos, e não por meio de discussões e deliberações, o que afastaria o pensamento em equipe; (4) os juízes querem "ganhar" a qualquer custo e terminam por agir como se fossem advogados de suas próprias opiniões, com estratégias para vencer, em vez de estratégias para deliberar em conjunto; (5) em decorrência da ampla publicidade das votações e da publicação de todos os votos proferidos, há certo individualismo judicial que decorre da ideia de "auditório", tendo em vista que o juiz inevitavelmente tende a querer se comunicar com um determinado público; e (6) diante do esquema de votação em série, sem prévio conhecimento do voto do relator ou dos outros juízes, o voto dissidente muitas vezes termina por ser apenas um voto vencido, sem ter o seu verdadeiro potencial, que é o de inspirar o debate e converter ou modelar opiniões.

As cortes constitucionais julgam casos extremamente complexos, que envolvem muitas vezes situações para as quais não há – e nunca haverá – uma resposta objetiva, inquestionável. Nessa dificílima tarefa, a ideia de uma corte colaborativa, que constrói julgamentos em conjunto, alia-se à formação da mencionada razão pública, com caráter distinto da razão política inspirada em movimentos parciais e polarizados, típicos dos poderes legislativo e executivo.

O caráter cooperativo visa justamente à formação de uma decisão que se desincumbe de seu ônus argumentativo imparcial. O legislador pode votar num sentido simplesmente porque é benéfico para o grupo que representa; o executivo promove políticas públicas que se alinham com o plano de governo para que foi eleito; o judiciário deve julgar conforme o plano constitucional, dos direitos de todos. Não podem os juízes, portanto, decidir sem que a decisão seja bem construída.

Nesse processo construtivo, é possível verificar dois momentos de deliberação, um interno e outro externo. Ferejohn e Pasquino distinguem tais momentos assim:

> A deliberação interna por um grupo é o esforço de usar persuasão e raciocínio para fazer o grupo decidir sobre algum curso comum de ação. Deliberação externa é o esforço para usar a persuasão e o raciocínio para afetar as ações realizadas fora do grupo. A deliberação interna envolve dar e ouvir as razões de outras pessoas dentro do grupo. A deliberação externa envolve o grupo, ou seus membros, dando e ouvindo as razões vindas de fora do grupo. (tradução nossa).[50]

No Brasil, seja no STF ou nas outras cortes colegiadas, não há tal separação. As deliberações interna e externa se conjugam num momento único, particularizado ainda por regras procedimentais que tornam o evento ainda mais individualista e com caracteres de discursos midiáticos.

Se ninguém sabe em que sentido o relator decidirá, é imaginável que cada juiz profira individualmente um voto só seu. Na dúvida sobre o que vai acontecer com aquele julgamento, é até recomendável que cada juiz realmente monte seu julgamento específico, para que não seja surpreendido no momento do julgamento com uma tese nova, sobre a qual não ponderou ou com uma posição inesperada que altere bastante determinada situação jurídica.

Virgílio Afonso da Silva[51], em pesquisa realizada com ministros e ex-ministros do STF, traz importantes apontamentos a respeito do papel do relator segundo a visão dos próprios julgadores, deixando claro que há um balizamento da votação em função do voto do relator, mas que, segundo alguns, tudo depende também da repercussão do caso. Em casos menos relevantes, o voto do relator tem mais força, pois não há tanta preocupação com o que está por vir; em casos de

---

50. *"Internal deliberation by a group is the effort to use persuasion and reasoning to get the group to decide on some common course of action. External deliberation is the effort to use persuasion and reasoning to affect actions taken outside the group. Internal deliberation involves giving and listening to reasons from others inside the group. External deliberation involves the group, or its members, giving and listening to reasons coming from outside the group."* FEREJOHN, John; PASQUINO, Pasquale. **Constitutional adjudication: lessons from Europe.** Tex. L. Rev., v. 82, p. 1671, 2003.

51. SILVA, Virgílio Afonso da. **"Um voto qualquer"? O papel do ministro relator na deliberação no supremo tribunal federal.** REI – Revista Estudos Institucionais, [S.l.], v. 1, n. 1, p. 180-200, jan. 2016. ISSN 2447-5467. Disponível em: <https://estudosinstitucionais.com/REI/article/view/21/22>. Acesso em: 24 set. 2020. doi:https://doi.org/10.21783/rei.v1i1.21.

maior repercussão, todos os ministros acabam preparando votos com ampla fundamentação e exposição de ideias, pois sabem que, no fim das contas, haverá enorme divulgação e leitura daquele caso no momento do julgamento.

Por outro lado, há diminuição da força do voto do relator quando se verifica que todos os votos são, em regra, formulados antes mesmo de se conhecer o primeiro voto. Independente do que vier na relatoria, todos os julgadores já têm seus votos, opiniões e conclusões prontas. A ideia de deliberação é fortemente afetada nessas situações.

A atuação do relator, ainda, acaba tendo outro efeito, que é o da escolha do momento da inclusão do processo em pauta. Cabe ao relator "liberar" os processos para julgamento. Nas entrevistas feitas por Silva, os ministros deixaram claro que isso faz com que haja a escolha do momento, inclusive, de acordo com as férias dos ministros, os afastamentos e aposentadorias, o que faz com que o relator escolha o "melhor" momento para levar seu caso a julgamento.

Isso conduz a outro aspecto, aliás, que é a ideia de atuação do ministro como se advogado de sua tese fosse, que parece ser uma consequência natural de um modelo em que preponderam os votos individualmente formulados à deliberação efetivamente realizada entre os ministros.

Conclui-se, então, que as decisões do Supremo são proferidas pelo somatório de várias decisões individualizadas, o que ocorre em razão do modelo de votação, da prática instituída na corte e da própria atuação dos ministros. Esse último ponto é bastante importante, pois, por mais que a forma conduza a um resultado, a atuação efetiva confirma a pressuposição.

É que não é raro verificar situações em que os votos são semelhantes, os fundamentos são semelhantes, as conclusões são semelhantes, mas os juízes proferem tais votos em sessão, pela sua leitura e defesa, talvez num arrojo de intelectualidade ou somente mesmo para que não tenha sido em vão seu trabalho (e de sua equipe) no estudo e redação da decisão no caso. Mas, não há dúvida de que esse formato, encampado por essa atuação vaidosa dos ministros, culmina na formação de uma corte que não delibera, mas vota[52].

52. Voto, aqui, é utilizado no sentido majoritário, eleitoral, e não no sentido utilizado no Brasil de "decisão" materializada no que se convencionou chamar de "voto".

Egos e vaidades são inafastáveis num modelo de deliberação externa extremado, com a divulgação não só dos votos, mas também dos fundamentos e dos debates. Dentro da corte, os juízes veem-se, portanto, como "inimigos" quando há teses opostas, e não como "amigos" para formação de um consenso. Usa-se a expressão voto "vencedor" quase que involuntariamente, sem se notar que disso ressai o caráter competitivo das teses alavancadas. Há clara atuação opositiva no lugar da conjuntiva.

As opiniões e fundamentos divergentes, em razão disso, terminam por não ter o efeito esperado, de inspirar debate, converter opiniões, remodelar julgamentos, otimizar expectativas, evoluir conceitos e conclusões jurídicas. Os votos divergentes funcionam, em verdade, como votos vencidos[53].

Por exemplo, no Tribunal Constitucional alemão, desde que os votos individuais (divergentes ou concorrentes) passaram a ser permitidos, em 1971, foram 168 decisões com votos individuais, em um universo de 2295 decisões publicadas no repositório oficial, ou seja, apenas 7,3% das decisões têm algum voto individual[54]. No STF, dados mostram que, no caso das ações diretas de inconstitucionalidade, por volta de 1/4 das decisões (25%) não são unânimes, isto é, contêm ao menos um voto divergente[55].

Num espaço em que o "debate" ocorre de maneira pessoalizada, individualizada, sem deliberação em conjunto e com preponderância em opiniões formatadas no gabinete de cada ministro, a tendência é que as decisões judiciais sejam fundamentadas para vencer, e não para que sejam reunidas num comando decisório representativo da corte constitucional.

Disso deflui que os motivos para decidir tendem a congregar posições doutrinárias, jurisprudenciais e argumentos extrajurídicos que convém ao voto proferido, para que o justifique. Escondem-se os posicionamentos contrários e ideias diversas, já que a intenção é vencer, e não deliberar.

53. SILVA, Virgílio Afonso da. **De quem divergem os divergentes: os votos vencidos no Supremo Tribunal Federal**. Revista Direito, Estado e Sociedade, n. 47, jul/dez 2015, p. 205-225.

54. ALEMANHA. Tribunal Constitucional Federal. **Estatística Anual 2019.** Karlsruhe, 2019. Disponível em: <https://www.bundesverfassungsgericht.de/SharedDocs/Downloads/EN/Statistik/statistics_2019.html>. Acesso em: 24 set. 2020.

55. OLIVEIRA, Fabiana Luci de. **Processo decisório no Supremo Tribunal Federal: coalizões e "panelinhas".** *In*: Revista de Sociologia e Política, v. 20, n. 44, pp. 139-153, 2012, p. 144.

Nesse ponto, há um dos principais problemas da fundamentação das decisões e que decorre do modelo deliberativo, que é a defesa de 11 teses formuladas por 11 ministros, e não a criação de 1 tese da corte pelo trabalho construtivo e dialógico dos 11 ministros.

Os fundamentos muitas vezes, em razão disso, deixam de ser jurídicos, deixam de se preocupar com a normatividade das ideias levantadas. A demonstração jurídica cede espaço ao convencimento interno e, pior, externo. Os fundamentos das decisões judiciais passam a se assemelhar, nesta medida, aos fundamentos das decisões políticas, umbilicalmente relacionadas à aprovação ou reprovação popular.

É por isso que há apenas uma suposta deliberação na formação das decisões judiciais na suprema corte brasileira, especialmente nos casos mais relevantes, em que, claramente, cada juiz se preocupa mais em demonstrar sua posição para seu auditório[56].

3.2.3. O discurso, o auditório e o espetáculo

Essa aprovação externa, aliás, é potencializada ao extremo no Brasil, pois, desde 2002, todos os julgamentos do STF são televisionados, ao vivo, sem sessão secreta prévia, sem encontro e deliberação oficial anterior. A espetacularização dos julgamentos traz a esse modelo formalmente ruim mais um ponto que o afasta da racionalidade: o auditório.

Barroso, ao despertar o problema da crise de representatividade e legitimidade por que passam os órgãos políticos brasileiros, defende a existência de um papel representativo do STF:

> Como esse juiz se tornou coparticipante da criação do Direito, a legitimação da sua decisão passará para a argumentação jurídica, para sua capacidade de demonstrar a racionalidade, a justiça e a adequação constitucional da solução que construiu. Surge, nessa perspectiva, o conceito interessante de auditório. A legitimidade da decisão vai

56. Essa é uma das conclusões de importante estudo realizado por Virgílio Afonso da Silva com ministros e ex-ministros do STF. Entre outros artigos que congregam resultados desta pesquisa, cf. SILVA, Virgílio Afonso da. **"Um voto qualquer"? O papel do ministro relator na deliberação no supremo tribunal federal.** REI – Revista Estudos Institucionais, [S.l.], v. 1, n. 1, p. 180-200, jan. 2016. ISSN 2447-5467. Disponível em: <https://estudosinstitucionais.com/REI/article/view/21/22>. Acesso em: 24 set. 2020. doi:https://doi.org/10.21783/rei.v1i1.21.

> depender da capacidade de o intérprete convencer o auditório a que se dirige de que aquela é a solução correta e justa.[57]

No mesmo texto, Barroso cita Perelman e Olbrechts-Tyteca para definir o auditório "como o conjunto daqueles que o orador quer influenciar com sua argumentação"[58]. Apesar de não avançar sobre o tema, parece o autor conduzir sua ideia para uma valorização positiva do pensamento que os juízes devem decidir atentos, na argumentação, àqueles que querem convencer, seus auditórios.

Em certa medida, trata-se de uma afirmação indene de questionamentos. É um fato que a argumentação jurídica serve ao convencimento, à demonstração, à aplicação do direito a um caso concreto.

Acontece que a situação brasileira chegou ao extremo da publicização, muito além daquela necessária para conferir transparência, abrangência e ampliação do debate constitucional. Virgílio Afonso da Silva[59] salienta que uma hipótese para o extremo individualismo da Suprema Corte brasileira advém justamente da ideia de plateia, originada da doutrina de Baum[60], que faz com que, invariavelmente, os ministros decidam atentos aos olhos do público, com a responsabilidade e contornos que resultam da aprovação ou reprovação popular.

Fato é que a transmissão das audiências do STF, ao vivo, em canal exclusivo na televisão brasileira, faz com que os ministros, já atingidos pelo modelo deliberativo da corte, que praticamente a torna um órgão colegiado singularizado, vejam-se em posição ainda mais pessoalizada diante dos olhares de todo o público, instantaneamente.

Não se defende aqui, repita-se, uma aplicação pura do direito, desvinculada dos padrões morais, sociais e econômicos da realidade, desvinculada totalmente das questões sociais que assolam o país. Tudo isso, sem dúvida, deve ser levado em consideração no momento de julgar, especialmente no que tange à proteção dos direitos fundamentais.

---

57. BARROSO, Luís Roberto. **A razão sem voto: o Supremo Tribunal Federal e o governo da maioria**. Revista Brasileira de Políticas Públicas, v. 5, número especial, 2015, p. 23-50.

58. PERELMAN, Chaim; OLBRECHTS-TYTECA, Lucie. **Tratado da argumentação: a nova retórica. São** Paulo: Editora Martins Fontes, 1996. p. 22.

59. SILVA, Virgílio Afonso da. **Deciding without deliberating**. International Journal of Constitutional Law. v. 11, n. 3, 2013.

60. BAUM, Lawrence. ***Judges and their audiences: a perspective on judicial behavior***. Princeton: Princeton University Press, 2006.

Acontece que, quando o órgão jurisdicional se põe numa situação de extrema publicidade, como acontece no Brasil, naturalmente as decisões tendem a buscar a aprovação da plateia de cada ministro[61]. Isso tende a favorecer que os julgamentos sejam díspares, polemizados, polarizados, questionados.

O Poder Judiciário ingressa nas mesmas fronteiras dos poderes de índole totalmente política. Estar a corte sujeita à aprovação ou à reprovação popular é normal. Não há como blindar um órgão que termina por decidir as questões mais importantes do ponto de vista constitucional, que, sem dúvida, podem ter efeitos em toda a nação. Mas, não há como conceber como saudável à construção de decisões judiciais o fato de serem elaboradas com especial atenção à plateia a que se dirigem.

O viés argumentativo, mesmo na posição naturalmente política das cortes constitucionais, determina que suas decisões observem o caráter contramajoritário, mas não permite que passe a buscar, com um iluminismo autoproclamado, a solução para todos os problemas do povo. A seara da política, do ponto de vista da separação dos poderes, não pode ser transpassada.

Há, portanto, uma confluência de fatores que têm transformado as decisões judiciais em discursos direcionados. Fala-se para as câmeras, e não para a constituição. Direcionam-se os julgamentos para as plateias (internas e externas), e não para os direitos. Equiparam-se juízes a bastiões do progresso.

Essa é a posição mais perigosa para uma Suprema Corte. Afinal, se se coloca numa posição de aprovação popular, pode ser que um dia essa posição seja de reprovação.

Todos esses argumentos confluem para um modelo de julgamento em que a atenção passa a se voltar para aspectos estranhos ao direito, como motivadores principais de julgamentos. Aspectos econômicos e sociais convencem mais a plateia, sedenta por ouvir a reposição de seus ideais e protestos, colocados num vácuo pela crise de legitimidade e representação dos poderes originalmente políticos.

---

61. BORTOLINI, Rafaela. SOUZA, Leonardo Vieira de. **A suposta deliberação colegiada no STF: onze discursos para vários auditórios**. In: **Estudos avançados de direito constitucional: em homenagem ao professor Carlos Antônio de Almeida Melo – Carlão**. Organizado por Marcelo Antonio Theodoro, Julia Natália Araújo Santos. Belo Horizonte: Casa do Direito, 2021, p. 277.

O auditório maximalizado, a deliberação individualizada, a espetacularização dos julgamentos, a necessidade de análise de problemas complexos e com alto potencial de polarização, tudo isso termina por conferir à decisão judicial caráter extrajurídico. A racionalidade mencionada tópicos atrás cede espaço aos simbolismos de que se falou no início deste capítulo.

3.3. A FUNDAMENTAÇÃO SIMBÓLICA E A DESLEGITIMAÇÃO DO PODER

3.3.1. Análise a partir de decisões do Supremo Tribunal Federal

Todas as conclusões parciais alinhavadas até aqui comprovam o risco à racionalidade na construção de decisões judiciais por meio de argumentos não jurídicos ou não demonstrados juridicamente, que culminam por imprimir ao tribunal força política como ferramenta motriz de sua atuação, fazendo com que, no Brasil, hoje, todas as importantes decisões da nação vivam numa espécie de potencial eficácia resolutiva, aguardando sempre quando e de que modo o Supremo Tribunal Federal decidirá.

Os simbolismos no direito, apesar de poderem ter funções conformadoras, quando transpassados para a expressão por meio de decisões judiciais, põem o juiz em posição de comunicação valorativa com outros sistemas sociais, enfatizando ainda mais a já tensa relação entre direito e política.

É na fundamentação das decisões que se confere legitimidade à atuação do poder judiciário. É o típico Poder que se vincula estritamente às razões que utiliza para tomada de uma decisão. Essas razões não necessitam ser neutras, mas precisam ser imparciais. A proteção esperada da constituição faz com que o olhar dos juízes deva necessariamente ser relativamente aos direitos, e não às opiniões naturalmente polarizadas.

A fundamentação das decisões da jurisdição constitucional, portanto, representa instrumento de legitimidade e legitimação da atuação do Poder Judiciário. E tanto será mais legítima quanto mais enquadrada estiver nos limites da separação dos poderes.

Tudo isso, no Brasil, e especificamente no Supremo Tribunal Federal, é assolado, como se viu, por um modelo de competências superlativas do tribunal, um formato de deliberação com características apenas formais de colegialidade, mas com ênfase no individualismo judicial, e um julgamento espetacularizado e extremamente publicizado, que endossa ainda mais o diálogo extrajurídico com a sociedade por intermédio das decisões judiciais.

Essa conjunção de fatores faz com que haja forte tendência à fundamentação maximalista das decisões judiciais[62], aqui valoradas negativamente como "simbólicas", porque podem não motivar o que efetivamente se decide do ponto de vista jurídico, mas, em verdade, fornecem respostas ao que espera o auditório com quem se comunica cada julgador.

Os juízes maximalistas resolvem casos difíceis segundo razões amplas e profundas sobre questões políticas, morais, filosóficas, antropológicas, biológicas e econômicas altamente controvertidas[63].

Sobre as decisões dos juízes maximalistas, Brandão[64] assevera que a amplitude da fundamentação determina seu caráter prescritivo, com o estabelecimento de parâmetros para resolução de casos futuros, "possuindo a decisão, portanto, forte efeito prospectivo e impacto sobre a atuação superveniente dos demais Poderes"; que os juízes maximalistas têm a "ambição de fazer da Constituição o melhor que ela pode ser". Prossegue o autor, especificamente quanto ao STF, defendendo que a Corte tem se afastado de uma perspectiva positivista, com autorrestrição judicial, para uma postura ativista, com pouco espaço para a deferência às opções legislativas, muitas vezes transpondo "os limites entre controle de constitucionalidade e revisão da conveniência e oportunidade da lei", favorecendo a banalização da substituição da valoração legislativa pela judicial.

Mas, afinal, em que situações tudo isso tem ocorrido no âmbito da Suprema Corte brasileira? Como têm os ministros se manifestado simbolicamente? Como se comprova tal atuação voltada mais

62. Cf. BRANDÃO, Rodrigo. **Supremacia Judicial Versus Diálogos Constitucionais: A quem cabe a última palavra sobre o sentido da constituição?.** Rio de Janeiro: Lumen Juris, 2017, p. 201-208.

63. Cf. SUNSTEIN, Cass. R. ***One case at a time – judicial minimalismo in the Supreme Court***. Cambridge: Harvard University Press, 2001; SUNSTEIN, Cass. ***Radicals in robes: why extreme right-wing Courts are wrong for America***. New York: Basic Books, 2005; SUNSTEIN, Cass. R. ***A Constitution of many minds – why the founding document doesn't meant what it ment before***. New Jersey: Princeton University Press, 2009. Apud. BRANDÃO, Rodrigo. **Supremacia Judicial Versus Diálogos Constitucionais: A quem cabe a última palavra sobre o sentido da constituição?.** Rio de Janeiro: Lumen Juris, 2017, p. 202.

64. Ibidem, p. 203.

ao auditório que à resolução dos casos concretos julgados? Em que situações os fundamentos das decisões têm avançado sobre questões com potencial de polarização?

Antes de responder a essas perguntas por meio da pesquisa jurisprudencial, é preciso justificar a metodologia aqui utilizada.

Diante da fluidez do tema e da elevada quantidade de julgamentos do Supremo que, em tese comporiam o universo total de pesquisa (todos os julgamentos), as decisões que integram a presente investigação são apresentadas pela técnica da amostragem, por opção de casos considerados emblemáticos e de maior relevância social, nos quais se verificou clara fundamentação simbólica nos julgados do tribunal.

A definição de uma amostragem de casos emblemáticos fundamenta-se em aspectos, essencialmente, subjetivos. Isso porque a conclusão sobre a natureza emblemática ou não de determinada decisão não se exclusivamente edifica a partir de parâmetros objetivamente descritíveis e comparáveis.

Se adotado, por exemplo, um critério objetivo de repercussão econômica como fator determinante da relevância da decisão, casos como a tese definida no RE 670.422 – possibilidade de alteração de gênero no assento de registro civil de transexual, mesmo sem a realização de procedimento cirúrgico de redesignação de sexo – poderiam não ser considerados emblemáticos, já que não há consequências econômicas decorrentes diretamente da decisão.

Essa exemplificação serve como argumento para permitir, mesmo no âmbito do rigor exigido em pesquisas científicas, a possibilidade de coexistência de critérios subjetivos na metodologia empregada. Vale mencionar que, no âmbito da jurisdição constitucional, esse juízo de valor sobre relevância dos casos é recorrente, o que se verifica, por exemplo, na exigência de repercussão geral (art. 102, § 3°, da CF/88) como requisito de admissibilidade recursal para o recurso extraordinário.

Nesse contexto, e para assegurar o rigor metodológico deste trabalho – evitando subjetivismos excessivos –, o juízo sobre a relevância dos casos apoiou-se nos seguintes critérios sucessivos, aplicados para a escolha dos casos que serão analisados: (i) delimitação temporal do período pesquisado entre 01/01/2016 e 02/07/2021; (ii) veiculação do julgado na publicação institucional dos "Informativos de Jurisprudência" do STF; (iii) julgamento pelo Plenário da Corte.

Utilizados esses critérios, procedeu-se a um juízo de relevância para a seleção dos dez casos objeto de análise deste trabalho.

A delimitação temporal se justifica como forma de assegurar a coerência na análise da natureza extrajurídica das fundamentações utilizadas. Nesse sentido, uma retrospectiva cronológica superior a cinco anos dificultaria a identificação da relação entre o contexto político e a atuação judicial refletida nas decisões da Corte. Em síntese, a atualidade dos casos é elemento necessário para que se possa corretamente analisar o simbolismo da fundamentação utilizada, já que os elementos simbólicos exigem uma leitura contextual de seus significados.

O segundo critério tem a finalidade de conciliar a proteção ao rigor metodológico com a necessária utilização de critérios subjetivos. Nesse sentido, a publicação de informativos de jurisprudência consiste em periódico semanal da Corte, que seleciona processos para veiculação de acordo com sua relevância, novidade e contemporaneidade da temática objeto de julgamento. Esse critério denota evidente juízo subjetivo quanto à relevância do caso, no entanto, referido juízo não é feito pelo autor deste trabalho, mas pelo próprio Tribunal em sua publicação institucional, o que contribui com a objetividade da pesquisa.

A eleição do critério do órgão de julgamento serve para permitir, na análise, a elaboração de conclusões válidas para a atividade da Corte em sua unidade, evitando, portanto, vieses pertinentes apenas a determinados julgadores ou órgãos fracionados.

O último critério, de ordem subjetiva, é o juízo de relevância feito pelo autor, que selecionou dez casos pontuais que demonstram situações mais alarmantes relacionadas à fundação dos julgados que compõem o universo de pesquisa. O total de dez casos foi definido como medida pragmática para assegurar a factibilidade da pesquisa.

Isso, decerto, serve à demonstração dos pontos levantados. Registre-se, aliás, que a cientificidade da pesquisa é endossada pela doutrina ressonante no mesmo sentido ora defendido.

Passada essa breve justificação da metodologia utilizada, a amostra desta pesquisa foram os seguintes casos: (1) ADI n° 1.351 (julgamento conjunto com a ADI n° 1.354); (2) ADI 3.510; (3) AO 1.773; (4) ADC nº 43, (julgamento conjunto com as ADC nº 44 e n° 54); (5) ADO 26; (6) ADI 6341; (7) ADI 6.625; (8) ADPF 572; (9) ARE 654.432; (10) RE 1165959.

O primeiro caso selecionado é o voto proferido pelo Min. Gilmar Mendes no julgamento pela inconstitucionalidade da "cláusula de barreira"[65]-[66], comando legal que restringia o direito ao funcionamento parlamentar, o acesso ao horário gratuito de rádio e televisão e a distribuição dos recursos do Fundo Partidário de acordo com o percentual de votos do partido.

Em sua decisão, o ministro argumentou no sentido de criticar o sistema eleitoral brasileiro, expor o que considerava como problemas estruturais, asseverou que o sistema proporcional apresentava sinais de exaustão e que o tribunal estava desafiado a repensar o atual modelo; propôs a fixação de *standards* para pautar a futura deliberação parlamentar sobre a reforma política.

Nas palavras de Brandão, essa situação revela "a tendência de o STF se valer de razões interdisciplinares, amplas, profundas e destinadas a otimizar a aplicação dos princípios constitucionais"[67].

O segundo caso é o julgamento da ADI 3510[68], em que o STF fundamentou sua posição em argumentos extrajurídicos, revendo a decisão do legislador a respeito da pesquisa com células-tronco embrionárias. Na oportunidade, o Ministro Gilmar Mendes sustentou que: "o Supremo Tribunal Federal demonstra, com este julgamento, que pode, sim, ser uma Casa do povo, tal qual o parlamento [...] um espaço aberto à reflexão e à argumentação jurídica e moral, com ampla repercussão na coletividade e nas instituições democráticas."

Oscar Vilhena Vieira assevera, quanto a esse caso, e especificamente quanto à intensa participação dos representantes da sociedade na condição de amigos da corte ou por meio de audiências públicas, que "os atores da sociedade civil e as regras de interpretação constitucional passam a funcionar, em algumas situações, como substitutos do parlamento, dos partidos políticos e da regra da maioria"[69].

---

65. BRASIL. Supremo Tribunal Federal. **Ação Direta de Inconstitucionalidade nº 1.351.** Tribunal Pleno. Relator: Marco Aurélio. Data do julgamento: 07.12.2006. Data do Julgamento: 30.03.2017.

66. BRASIL. Supremo Tribunal Federal. **Ação Direta de Inconstitucionalidade nº 1.354.** Tribunal Pleno. Relator: Marco Aurélio. Data do julgamento: 07.12.2006. Data do Julgamento: 30.03.2017.

67. BRANDÃO, Rodrigo. **Supremacia Judicial Versus Diálogos Constitucionais: A quem cabe a última palavra sobre o sentido da constituição?.** Rio de Janeiro: Lumen Juris, 2017, p. 206-207.

68. BRASIL. Supremo Tribunal Federal. **Ação Direta de Inconstitucionalidade nº 3.510.** Tribunal Pleno. Relator: Ayres Britto. Data do julgamento: 29.05.2008. Data do Julgamento: 27.05.2010.

69. VIEIRA, Oscar Vilhena. **Supremocracia.** Revista Direito GV, [S.l.], v. 4, n. 2, p. 441-463, jul. 2008. ISSN 2317-6172. Disponível em: <http://bibliotecadigital.fgv.br/ojs/index.php/revdireitogv/article/

Outra situação, cuja relevância decorre do modo como se desenrolaram os fatos, e que demonstra muito bem o caráter simbólico das fundamentações das decisões da Suprema Corte, é uma decisão exarada monocraticamente pelo Min. Luiz Fux. Cuida-se do terceiro caso em estudo, a AO 1.773[70], na qual se questiona a constitucionalidade do auxílio-moradia recebido pelos juízes e membros do ministério público.

Em 2014, o Min. Luiz Fux concedeu liminar determinando que todos os juízes federais passassem a receber o sobredito auxílio-moradia, verba indenizatória de cerca de R$ 4.000,00 (quatro mil reais) que tinha por fim recompor gastos dos juízes com moradia. O caso teve grande repercussão na mídia. A posição do juiz, em 2014, foi de manter o pagamento dos valores, o que fundamentou no princípio da isonomia, já que outras carreiras de juízes e membros do Ministério Público já recebiam tal verba. Em 26 de novembro de 2016, no mesmo dia em que o Presidente da República aprovou reajuste salarial aos ministros do Supremo Tribunal Federal, que repercute em cadeia nos salários do funcionalismo público, inclusive de juízes e membros do Ministério Público, o Min. Luiz Fux proferiu decisão revogando a decisão liminar que havia proferido em 2014.

Na decisão[71], o ministro sustenta que "o direito não é um fim em si mesmo, mas um processo dinâmico com finalidades sociais"; que "o exercício da jurisdição é contextual"; que "a constituição é um documento vivo", "cujo conteúdo se concretiza a partir das valorações"; que "tais valorações são mutáveis, consoante as circunstâncias políticas"; que "o pragmatismo revoluciona o modo como se problematizam

---

view/35159/33964>. Acesso em: 24 Set. 2020. Em complemento, diz o autor: "Esta abertura à sociedade civil, bem como uma deliberada exposição a discursos de natureza científica, religiosa, econômica, etc., não podem ser vistos como algo necessariamente negativo. Ao contrário, demonstram a necessidade do Supremo em buscar ampliar a sua base de legitimidade, em face dos desafios de tomar decisões com impacto fortemente político, como foi exposto pelo próprio Ministro Carlos Aires Brito, ao abrir a primeira audiência pública da história do Supremo. Este passo, no entanto, demanda que o Tribunal tenha clareza de seus novos desafios. Uma corte ativista, com enorme exposição pública e responsabilidade por tomar decisões de grande magnitude, fica submetida a distintos padrões de escrutínio, que já vêm expondo suas tensões internas e potenciais fragilidades. Ao tomar decisões de natureza política, e não apenas exercer a autoridade de preservar regras, o Supremo passará a ser cobrado pelas conseqüências de seus atos, sem que haja mecanismos institucionais para que essas cobranças sejam feitas".

70. BRASIL. Supremo Tribunal Federal. **Ação Originária n° 1773.** Decisão Monocrática. Relator: Luiz Fux. Data do Julgamento: 27.02.2018. Data da Publicação: 02.03.2018.

71. BRASIL. Supremo Tribunal Federal. **Ação Originária n° 1773.** Decisão Monocrática. Relator: Luiz Fux. Data do Julgamento: 27.02.2018. Data da Publicação: 02.03.2018.

as funções institucionais dos magistrados, bem como a relação entre prática judicial e filosofia deontológica".

Ademais, citando o consequencialismo de Posner, aduz que o quadro de crise profunda pela qual passava o Brasil determinava a impossibilidade prática do pagamento do auxílio-moradia e, utilizando novamente o princípio da isonomia (mesmo fundamento da primeira decisão, ora revogada), aduz que o impedimento de pagamento da verba deveria ser extensivo a todas as carreiras públicas, sem exceção (por mais que isso não fosse, a rigor, objeto da ação). Por fim, aduz expressamente que, diante das leis de revisão dos subsídios dos ministros do STF, que teriam purgado parcialmente a mora constitucional quanto ao reajuste desses salários, já seria possível extirpar o auxílio-moradia.

No caso, não resta dúvida de que a decisão envolveu questões políticas claras, expressas no julgado. A juridicidade que se tenta emprestar ao julgamento é claramente simbólica. Traz-se erudição ao julgado ao se falar em consequencialismo, atenção do judiciário às questões sociais, econômicas e políticas, mas o fundamento verdadeiro ainda é deixado claro: a inconstitucionalidade do recebimento da verba decorreu do aumento salarial. É uma contradição que beira o absurdo.

Na leitura do julgado, verifica-se um exemplo nítido de fundamentação simbólica. Mais que diálogo constitucional, aqui houve aparente negociação política. Os fundamentos da decisão lhe retiram qualquer legitimidade como uma decisão judicial. Trata-se de decisão puramente política, na qual os fundamentos jurídicos são simbólicos e os fundamentos extrajurídicos até são expressos, mas também são simbólicos no sentido de que não se prestam a uma decisão proferida pelo Poder Judiciário. Tenta-se conferir roupagem jurídica, constitucional, a uma decisão unicamente política e circunstancial.

Em sequência, tem-se o quarto caso analisado, que mostra mais uma vez a atuação aparentemente circunstancial das decisões do Supremo. O caráter simbólico dos fundamentos da decisão é evidente quando há alteração de julgados com fundamentos extrajurídicos ou princípios jurídicos a que não se confere densidade normativa, que podem servir para subsidiar qualquer decisão final.

Trata-se do julgamento da constitucionalidade do cumprimento da pena (prisão) pela condenação em segunda instância, antes do trânsito em julgado. Em um breve resumo, é possível dividir as decisões do STF sobre o tema em 4 períodos: (a) até fevereiro de 2009, era possível o cumprimento da pena após a condenação em segunda instância[72], sob o argumento de que os recursos extraordinários não teriam efeito suspensivo; (b) entre fevereiro de 2009[73] e fevereiro de 2016, o STF passou a entender que não era possível o cumprimento provisório da pena, pois haveria restrição ao direito de defesa e antecipação da execução seria incompatível com a presunção de inocência prevista na constituição; (c) entre fevereiro de 2016[74] e novembro de 2019, passou a ser possível a execução provisória da pena, sob o argumento de que não haveria ofensa à presunção de inocência, os recursos extraordinários não eram dotados de efeito suspensivo e seria necessário equilibrar o princípio da presunção de inocência com a efetividade da função jurisdicional penal, diante da complexidade do sistema de justiça criminal brasileiro; (d) a partir de 07 de novembro de 2019, passou a não ser mais possível a execução provisória da pena, sob os argumentos de que a prisão nessas situações ofenderia a presunção de inocência, a repressão a crimes não pode transgredir e desrespeitar a ordem jurídica e os direitos e garantias fundamentais dos investigados, de modo que o judiciário não poderia embasar suas decisões no clamor público.

A última decisão foi tomada com um placar de 6 a 5, sendo possível que tudo isso se reverta em caso futuro, com a modificação da composição da Corte.

As intensas reviravoltas, com base nos mesmos argumentos, já falam por si, mas há um voto em específico, proferido pelo Min. Luís Roberto Barroso, que foi vencido no último julgamento e diz bastante do que se tenta demonstrar aqui. Na sua decisão, televisionada, com ampla repercussão midiática, como é comum em casos do tipo, o ministro traz uma série de dados estatísticos sobre os índices de encarceramento e os efeitos das decisões anteriores, indicando a população carcerária do país, registra que "não foram os pobres que sofreram o impacto da

---

72. BRASIL. Supremo Tribunal Federal. **Habeas Corpus: 68726.** Tribunal Pleno. Relator: Néri da Silveira. Data do Julgamento: 28.06.1991. Data da Publicação: 20.11.1992.

73. BRASIL. Supremo Tribunal Federal. **Habeas Corpus 84078.** Tribunal Pleno. Relator: Eros Grau. Data do Julgamento: 05.02.2009. Data da Publicação: 26.02.2010.

74. BRASIL. Supremo Tribunal Federal. **Habeas Corpus 126292.** Tribunal Pleno. Relator: Teori Zavascki. Data de julgamento: 17.02.2016. Data de Publicação: 17.05.2016.

possibilidade de execução provisória da pena"[75], trazendo dados sobre os crimes que resultaram em prisão. Aduz, em certo momento, que o julgamento em nada se relaciona com a opinião pública, mas, no final deste tópico, ressalta que não precisa relembrar "o que ocorre com o prestígio e a credibilidade de um tribunal que repetida e prolongadamente frustra as demandas legítimas da cidadania".

No último ponto da sua decisão, o Min. Barroso traz capítulo intitulado "o direito e a justiça baseados em evidências", no qual fala sobre pragmatismo, traz mais estatísticas sobre os recursos nas cortes superiores, sobre o tempo de tramitação dos recursos e conclui discorrendo sobre "uma epidemia de violência e corrupção"[76], tópico em que, trazendo inclusive notícias jornalísticas sobre impunidade e violência no país, assevera o seguinte: "nós queremos mudar essa história, em que o crime compensa, os bandidos perseguem os mocinhos e o mal vence no final. E restabelecer, nas pessoas em geral, a crença de que vale a pena ser honesto, agir de boa-fé"[77].

A decisão judicial em análise é fundamentada basicamente em dados, estatísticas, posições a respeito da impunidade, da violência, dos supostos avanços ou retrocessos sociais, da quantidade de processos na corte e do tempo para julgamento. Há clara comunicação com o auditório, tentativa de legitimação pela confirmação das "vozes das ruas". A fundamentação de grande parte do julgado é simbólica. Volta-se ao auditório, aos holofotes.

Ainda na seara penal, o quinto caso emblemático foi a ADO 26[78], na qual, em síntese, firmou-se a tese de que as condutas de homofobia e transfobia enquadram-se como crimes de racismo previstos na Lei n° 7.716/89. A decisão justificou-se pelo estado de mora inconstitucional do Poder Legislativo, que estaria negando efetividade ao art. 5°, XLI, da CF/88 ("a lei punirá qualquer discriminação atentatória dos direitos e liberdades fundamentais"), ao não editar lei penal incriminadora para punir atos de violação à liberdade de orientação sexual e à identidade de gênero.

75. Supremo Tribunal Federal. **Ações Declaratórias de Constitucionalidade nº 43, nº 44 e n° 54.** Tribunal Pleno. Relator: Marco Aurélio. Data de Julgamento: 07.11.2019. Data de Publicação: 12.11.2020.

76. Ibidem.

77. Ibidem.

78. Supremo Tribunal Federal. **Ação Declaratória de Inconstitucionalidade por Omissão n° 26.** Tribunal Pleno. Relator: Celso de Mello. Data de julgamento: 13/06/2019. Data de publicação: 06/10/2020.

Nesse contexto, a Corte identificou a possibilidade de colmatar dessa omissão pela utilização de um conceito amplo de racismo, que se projeta "além dos aspectos estritamente biológicos ou fenotípicos". De modo semelhante ao que aconteceu no julgamento sobre a prisão em segunda instância, também nesse caso a Corte fundamentou sua posição em elementos de ordem não jurídica, como os índices de aumento de homicídios contra o grupo LGBT, bem como os conteúdos violentos veiculados pela impressa em prejuízo à imagem das pessoas homossexuais e transexuais.

No julgamento, embora tenha se reconhecido a impossibilidade jurídico-constitucional de que o provimento emanado da Corte constitucional tornasse típicas as condutas de homofobia e transfobia, o efeito prático decorrente da decisão foi o mesmo, com o enquadramento das práticas no conceito de racismos, mediante interpretação conforme. É dizer: a corte reconhece a impossibilidade jurídico-constitucional de determinado provimento, mas por via transversa adota outra medida com igual efeito prático. Novamente, os fundamentos utilizados são de ordem extrajurídica, como: conceito amplo de racismo, situação de injusta exclusão de ordem política e jurídico-constitucional em detrimento de grupos LGBT; e necessidade de preservação da tolerância.

O sexto caso é a ADI 6.341[79], que tratou da competência concorrente da União, Estados e Municípios na tomada de providências normativas para o enfrentamento à Covid-19. A problemática enfrentada surgiu a partir da alteração de redação da Lei nº 13.979/2020, pela MP 926/2020, que restringiu a adoção dessas medidas de combate ao âmbito de competência de cada ente federativo. A alteração legislativa serviu de resposta à iniciativa de Estados e Municípios que editaram atos normativos de combate à pandemia não previstos na lei federal/nacional, como a restrição de entrada e saída de pessoas nos seus territórios.

O STF referendou a medida cautelar concedida monocraticamente para "tornar explícita, no campo pedagógico e na dicção do supremo, a competência concorrente" entre União, Estados e Municípios, com fundamento na competência de proteção à saúde (art. 23, II da CF/88)

79. Supremo Tribunal Federal. **Ações Declaratórias de Inconstitucionalidade nº 6.341.** Tribunal Pleno. Relator: Edson Fachin Data de Julgamento: 15/04/2020. Data de Publicação: 13/11/2020.

e em acréscimo deu interpretação conforme ao art. 13, § 9°, da Lei n° 13.979/2020, explicitando que decretos de competência do Presidente da República sobre serviços públicos e atividades essenciais devem preservar a atribuição de cada esfera de Governo (art. 198, I da CF/88).

Ocorre que na fundamentação exarada pela Corte foram destacados argumentos eminentemente extrajurídicos. Nesse sentido, afirmou-se que "As regras constitucionais não servem apenas para proteger a liberdade individual e, sim, também, para o exercício da racionalidade coletiva, isto é, da capacidade de coordenar as ações de forma eficiente". Arvorando-se nessa premissa, a Corte ampliou sua atividade de controle sobre as razões governamentais que justificaram as medidas adotadas durante o período de emergência. Concluiu a Corte que "o exercício da competência constitucional para as ações na área da saúde deve seguir parâmetros materiais a serem observados pelas autoridades políticas." Exemplo desses parâmetros são as recomendações da Organização mundial da Saúde (OMS): "Como a finalidade da atuação dos entes federativos é comum, a solução de conflitos sobre o exercício da competência deve pautar-se pela melhor realização do direito à saúde, amparada em evidências científicas e nas recomendações da Organização Mundial da Saúde."

Note-se que esses parâmetros – ainda que sejam os melhores ou mais recomendáveis – não têm sua aplicação determinada por nenhuma norma jurídica. Desse modo, os fundamentos utilizados no julgamento têm posição apenas simbólica, servindo de instrumento para justificar a escolha feita pelo julgador sobre qual é o parâmetro material mais adequado para se aferir a constitucionalidade de determinada medida.

O sétimo caso, também no contexto da pandemia de coronavírus, foi a ADI 6.625[80], que tratou da mesma Lei n° 13.979/2020. Essa lei foi editada para vigorar excepcionalmente, "enquanto estiver vigente o Decreto Legislativo n° 06, de 20 de março de 2020[81]". Exaurida a vigência do decreto, no entanto, o Distrito Federal pleiteou a manutenção de determinados dispositivos da lei em vigor, diante da situação fática

---

80. Supremo Tribunal Federal. **Ações Declaratórias de Inconstitucionalidade nº 6.625.** Tribunal Pleno. Relator: Ricardo Lewandowski. Data de Julgamento: 08/03/2021. Data de Publicação: 12/04/2021.

81. Reconhece, para os fins do art. 65 da Lei Complementar nº 101, de 4 de maio de 2000, a ocorrência do estado de calamidade pública, nos termos da solicitação do Presidente da República encaminhada por meio da Mensagem nº 93, de 18 de março de 2020.

de continuidade da crise sanitária. Acatando esse entendimento, o Plenário do STF adotou como fundamento o fato de que a pandemia do coronavírus encontrava-se – ao tempo em que o Decreto deixou de vigorar – "em franco recrudescimento".

Nesse contexto, a Corte afastou a aplicação do dispositivo legal que previa a vigência excepcional a diversos artigos da Lei n° 13.979 que, portanto, continuaram vigorando. Em síntese, o STF argumentou que a verdadeira intenção do legislador teria sido a de "manter as medidas profiláticas e terapêuticas extraordinárias, preconizadas no referido diploma normativo, pelo tempo necessário à superação da fase mais crítica da pandemia".

Ao amparar na pretensa vontade de legislador, o STF privilegiou o argumento extrajurídico – situação fática de recrudescimento da crise sanitária – em detrimento das razões de ordem jurídica – validade do dispositivo que determina a vigência excepcional da lei.

Mais um julgamento relevante em que o STF se valeu de argumentos eminentemente extrajurídicos foi no julgamento da ADPF 572[82], o oitavo caso em análise. Seu objeto era o Inquérito 4.781, conhecido como Inquérito das *Fake News*. Trata-se de investigação aberta para apurar a veiculação de notícias fraudulentas que atingissem a honorabilidade e segurança do STF, de seus membros e familiares, e a dignidade dos Ministros. O fundamento normativo utilizado para justificar a abertura do Inquérito foi o art. 43 do Regimento Interno do STF, que permite a instauração desse tipo de expediente quando houver infração à lei penal dentro das dependências do Tribunal.

Na ADPF, questionou-se a constitucionalidade da portaria que instaurou o inquérito diante da inexistência de indicação do local da sede e/ou dependências do STF em que teria sido praticada a infração, bem como pelo fato de que a condução de investigações criminais pelo Poder Judiciário seria excepcional. Ocorre que os fatos apurados no inquérito foram praticados no ambiente da *internet*, de modo que o STF conferiu uma interpretação ampla ao conceito de sede, considerando, portanto, que crimes cometidos em ambiente virtual, por seu caráter difuso, poderiam ser considerados como cometidos na sede ou dependência do STF.

---

82. Supremo Tribunal Federal. **Arguição de Descumprimento de Preceito Fundamental n° 572.** Tribunal Pleno. Relator: Edson Fachin Data de Julgamento: 18/06/2020. Data de Publicação: 07/05/2021.

O STF ainda declarou a recepção do referido art. 43 do RISTF pela CF/88, diante de sua compatibilidade com os princípios do devido processo legal; dignidade humana, prevalência dos direitos humanos, submissão à lei e impossibilidade de existir juiz ou tribunal de exceção. Na interpretação vitoriosa no julgamento, o art. 43 do RISTF foi considerado como instrumento de defesa da Constituição em contexto de inércia de órgãos de controle.

O aspecto simbólico da fundamentação se evidencia por sua utilização para sustentar uma interpretação ampla de um dispositivo de aplicação excepcional. Com efeito, não cabe à Corte Constitucional, cujas atribuições vêm definidas no art. 102 da CF/88, precipuamente, a realização de atividades investigativas. Daí porque o art. 43 exige, para o exercício dessa prerrogativa não usual, uma situação muito específica de cometimento de crime nas dependências do Tribunal. A situação fática de crimes no ambiente da internet não parece se encontrar enquadrada no conceito de sede e/ou dependências do STF, sendo, portanto, uma utilização simbólica do dispositivo regimental.

O nono caso analisado, o ARE 654.432[83], tratou da inexistência do direito de greve para policiais civis e servidores públicos que atuem diretamente na área de segurança pública. No julgamento, além de vedar referido direito aos agentes envolvidos na segurança pública, o STF também considerou obrigatória a participação do Poder Público em mediações instauradas por entidades classistas de carreiras desse segmento. O argumento utilizado foi uma interpretação teleológica dos arts. 9°, 37, VII e 144 da CF/88, pela qual estaria vedado o exercício de greve a todas as carreiras policiais do art. 144 da Constituição. No julgamento, afasta-se a tese de analogia com o art. 142, § 3°, IV da CF (que trata dos militares) e utiliza-se como fundamento da decisão o fato de que nenhum órgão da iniciativa privada poderia suprir a atividade de segurança pública do Estado, que "por si só, é importantíssima e, se paralisada, afeta ainda o exercício do Ministério Público e do próprio Poder Judiciário."

Em suas razões, a Corte elegeu como argumento a recuperação histórica dos anais da Constituinte relacionados às carreiras policiais, no qual consta a preocupação dos constituintes em "atender aos reclamos

83. Supremo Tribunal Federal. Agravo em Recurso Extraordinário nº 654.432. Tribunal Pleno. Relator: Alexandre de Moraes. Data de Julgamento: 05/10/2018. Data de Publicação: 24/10/2018.

sociais para uma melhor segurança pública, tendo em vista que no Brasil ocorrem cerca de 58 mil mortes violentas por ano, sendo 52 mil homicídios dolosos". Referido fundamento, de ordem eminentemente política, é compatível com o locus de discussão legislativa, mas não foi expressamente amparado na redação legal para estabelecer de forma clara a proibição de greve pelas carreiras de segurança pública. O julgador, nesse caso, fez uso das razões do constituinte para dar à Constituição interpretação diversa daquela resultante de redação construída pelo próprio legislador constitucional.

O décimo caso é o RE 1165959[84], no qual o STF assentou o dever do Estado de fornecer medicamentos sem registro na ANVISA, em termos excepcionais, quando sua importação for autorizada pela agência de vigilância sanitária e desde que demonstrada a imprescindibilidade do fármaco ao tratamento e a impossibilidade de substituição. O precedente é disruptivo em relação ao entendimento anterior da Corte, no RE 657.718, segundo o qual o Estado não poderia ser obrigado, por força de decisão judicial, a fornecer medicamento não registrado na ANVISA.

O julgamento, basicamente, funda-se na excepcionalidade da situação, especialmente no contexto da utilização de medicamentos cujo princípio ativo é o canabidiol por pacientes com epilepsia. Nota-se que é cada vez mais numeroso o rol de situações excepcionais reconhecidas pelo STF como aptas a obrigarem o Poder Executivo a fornecer medicamentos que não tenham sequer registro na autoridade regulatória competente e que, igualmente, não constam da lista de medicamentos fornecidos pelo SUS. Sem que se realize qualquer juízo de valor sobre o acerto da decisão, seus fundamentos não decorrem de previsão legal ou constitucional e, nem mesmo, se escoram na própria jurisprudência anterior da Corte, sendo um exemplo de deferência do Judiciário ao apelo popular.

Bons ou maus argumentos (o que não se discute aqui) parece haver clara distorção e aproximação do campo político pela utilização em demasia de motivações não jurídicas para construção da decisão judicial.

Tais decisões revelam um Supremo Tribunal Federal bastante inspirado em razões interdisciplinares, amplas, profundas e com

84. Supremo Tribunal Federal. Recurso Extraordinário nº 1.165.959. Tribunal Pleno. Relator: Edson Fachin Data de Julgamento: 08/07/2021.

sobrevalorização dos princípios constitucionais em aplicação aberta e desvinculada de comandos normativos claros. Há claros pontos de contato entre maximalismo e ativismo[85].

O juriscentrismo do STF o coloca num papel de proeminência entre os poderes, subvertendo às últimas consequências a supremacia judicial, tornando o Poder Judiciário um dos principais articuladores e promotores das políticas públicas mais importantes do país.

E, ainda, vê-se o Judiciário balizando até mesmo o futuro das invocações parlamentares, de tanta amplitude conferida à fundamentação dos julgados, muitas vezes abarcando temas extrajurídicos que têm papel puramente simbólico ou dialógico (com o auditório) em razão que ultrapassa as fronteiras da causa constitucional apreciada.

O conceito de "sentimento constitucional" ou "vontade da constituição" faz com que o tribunal possa manifestar-se sobre absolutamente tudo, definindo todos os rumos da nação, substituindo, quando quiser, sem limites, a vontade política pela vontade judicial.

Um dos efeitos, prenunciado por Brandão, resultado da combinação entre maximalismo e supremacia judicial, é a "progressiva cristalização no 'bloco de constitucionalidade' de decisões judiciais amplas e profundas que servem de pauta normativa para a solução de um sem-número de problemas"[86], determinando a necessidade de reforma constitucional para que os poderes democraticamente eleitos consigam "reverter" a situação, já que dificilmente razões públicas distintas serão mantidas quando discrepantes à *ratio decidendi* já anunciada pelo Supremo.

Fato é que a fundamentação simbólica das decisões da jurisdição constitucional ocorre quando os juízes se utilizam de fundamentos que, juridicamente, não se prestam à confirmação das conclusões exaradas, mas demonstram a vontade decorrente de fatores extrajurídicos, muitas vezes associados ao que o auditório espera do julgador, ou até relacionadas ao que o julgador entende como sentimento da constituição para o progresso da nação.

Essa tarefa não pode ser do Judiciário. A correção dos rumos, como já se disse, de maneira comedida, racional e bem delineada con-

---

85. BRANDÃO, Rodrigo. **Supremacia Judicial Versus Diálogos Constitucionais: A quem cabe a última palavra sobre o sentido da constituição?**. Rio de Janeiro: Lumen Juris, 2017, p. 208.

86. Ibidem.

forme a separação dos poderes, é corolário do princípio democrático; quando a definição do futuro das instituições, institutos e pessoas se torna objeto de intervenção constante e sistemática do Judiciário, irrompem-se as barreiras da democracia.

O que complica esse cenário, no Brasil, é que há tantos problemas, tantas mazelas e tanta necessidade de evolução, que, à primeira vista, a atuação "progressista" do Supremo parece trazer bons frutos, fazer o país caminhar melhor, ter resultados mais justos para minorias e soluções aparentemente melhores que as dos políticos.

Isso ocorre porque, submetidos à eleição, ao voto, os representantes políticos, desvinculados de ônus argumentativos e da necessidade primária de racionalidade, integridade e coerência na tomada de decisões, também estão submetidos à crise de representatividade, à crise da confiança da população.

Quanto mais o Judiciário se coloca nessa posição, típica dos poderes eleitos, em nome do pretenso bem comum, mais se coloca no jogo político e mais está propenso à crise de legitimidade. E isso será aceitável até que a legitimação do tribunal passe a repousar não mais na racionalidade jurídica de suas decisões, mas nas respostas que dá ao auditório de cada julgador. Nesse momento, a simbiose dos poderes afastará a legitimidade do Poder Judiciário para o efetivo controle racional de constitucionalidade.

3.3.2. O risco do Judiciário como superego da sociedade

As cortes supremas de um modo geral, com a evolução do constitucionalismo, deixaram de ter o papel de "apenas" conferir um exato sentido à norma. A missão, hoje, parece ser mais de atribuir sentido ao Direito, mediante a apresentação de argumentos racionalmente convincentes, sendo o direito proclamado, e não apenas revelado. Para Luiz Guilherme Marinoni,

> (...) toca-se no cerne da questão quando se percebe que a Corte Suprema não mais serve para tutelar o legislador contra a jurisdição ordinária, mas, ao contrário, para auxiliar o legislador. Hoje, a Suprema Corte e o Legislativo realizam tarefa harmônica e coordenada para que o Estado possa se desincumbir do seu dever de dar à sociedade um direito em constante evolução e adequação às necessidades sociais. Tem-se, assim, (a) que a real função da Suprema Corte não é

> controlar a legalidade das decisões, mas definir o sentido atribuível ao texto da lei a partir de um método interpretativo aberto a valorações e decisões racionalmente justificáveis; (b) que a alteração da função da Suprema Corte preocupada com o direito federal infraconstitucional é consequência do impacto do constitucionalismo e da evolução da teoria da interpretação; (c) que essa nova função coloca a Suprema Corte ao lado do Legislativo, retirando-a do lugar de tutela ao legislador, em que foi posta pelo direito inspirado nos valores da Revolução Francesa; e (d) que a Suprema Corte, diante da sua função contemporânea, agrega substância à ordem jurídica – que então passa também a ser composta pelos precedentes judiciais.[87]

Afora esse caráter amplamente expansivo supostamente conferido pelo constitucionalismo contemporâneo às supremas cortes, no Brasil, a própria formatação constitucional conferiu um amplo rol de competências ao STF, que o coloca numa posição jurídica multifacetada, com amplos poderes. Da análise de recursos em última instância à elaboração de súmulas que vinculam todo o Judiciário e a Administração Pública, o raio de incidência dos poderes do STF no Brasil é tão extenso quanto tem sido a sua atuação.

Tendo como pano de fundo a realidade alemã e como substrato teórico fundamentos de psicanálise, Ingebord Maus trata do conceito de "sociedade órfã" na perspectiva da dinamização da proteção dos bens jurídicos, que sujeita os atores sociais a intervenções casuísticas do Estado (por meio de decisões judiciais) em nome da administração de crises ou de sua prevenção[88].

Num cenário de crise das instituições políticas, especialmente de crise de legitimidade das esferas de poder eleitas, o Judiciário termina por atuar numa posição de implementador de medidas que, originalmente, seriam afetas aos poderes públicos constituídos. Especialmente na seara dos direitos fundamentais, isso tem caráter marcante.

Como sustenta Cristina Reindolff da Motta:

> O cidadão, tendo em vista a complexidade da social e a evidente falta de alternativa, rompidos todos os parâmetros previamente estabele-

---

87. MARINONI, Luiz Guilherme. **Da Corte que declara o "sentido exato da lei" para a corte que institui precedentes**. RT 950, São Paulo: Ed. RT, dez. 2014.

88. MAUS, Ingeborg. **O Judiciário como superego da sociedade: o papel da atividade jurisprudencial na "sociedade órfã"** (Trad. Martônio Lima e Paulo Albuquerque). Revista Novos Estudos CEBRAP, nº 58, nov. de 2000.

> cidos, busca, no Judiciário, amparos aos seus anseios, confiando que o seu problema é, sim, um problema fundamental. Justamente por isso, espera que o Judiciário passe a analisá-lo, não obstante todas as tendências da sociedade contemporânea, sob uma lupa, capaz de evidenciar cada fato que constitui o todo ali trazido.[89]

Trata-se do Judiciário progressista, que ilumina a sociedade em face dos riscos da vontade antijurídica da maioria e que coloca os direitos fundamentais como molas propulsoras até mesmo da evolução sócio-política da nação.

À primeira vista, não há como questionar a justiça e o bem trazido por decisões da corte constitucional que sobrelevam a liberdade de expressão, que garantem a punição daqueles que atentam contra minorias étnicas, sociais ou por orientação sexual ou de gênero. Tampouco se questionam decisões judiciais que protegem a dignidade dos presos e expõem as falhas e atrocidades ocorridas num sistema carcerário falido.

A sociedade, tanto aqui quanto na Alemanha (na visão de Maus), "órfã" de proteção, encontra um salvador.

Toda essa formatação, no entanto, somente segue firme enquanto a legitimidade do órgão jurisdicional se apoiar em fundamentos jurídicos racionais e controlados[90] na percepção da sociedade. Quando isso não acontece, o papel do órgão jurisdicional passa a se confundir com o dos órgãos políticos, a veneração e a confiança podem ceder espaço à deslegitimação e à desconfiança.

Sobre o assunto, Ingebord Maus assevera:

> Quando a Justiça ascende ela própria à condição de mais alta instância moral da sociedade, passa a escapar de qualquer mecanismo de controle social — controle ao qual normalmente se deve subordinar toda instituição do Estado em uma forma de organização política democrática. No domínio de uma Justiça que contrapõe um direito "superior", dotado de atributos morais, ao simples direito dos outros poderes do Estado e da sociedade, é notória a regressão a valores pré-democráticos de parâmetros de integração social.[91]

---

89. MOTTA, Cristina Reindolff da. **A motivação das decisões cíveis: como condição de possibilidade para resposta correta/adequada**. Porto Alegre: Livraria do Advogado Editora, 2012, p. 144.
90. Ibidem.
91. MAUS, Ingeborg. **O Judiciário como superego da sociedade: o papel da atividade jurisprudencial na "sociedade órfã"** (Trad. Martônio Lima e Paulo Albuquerque). Revista Novos Estudos CEBRAP, nº 58, nov. de 2000.

Essa posição dos tribunais tende a gerar na sociedade, portanto, polarização. As decisões judiciais passam a ser questionadas pelos seus resultados, e não por seus argumentos.

Talvez o questionamento seja inafastável, talvez seja até saudável, mas a demasiada ideologização das decisões judiciais em face dos posicionamentos individuais dos juízes, muitas vezes proferidos para além dos espaços de julgamentos, em entrevistas e pronunciamentos carregados de vieses sócio-políticos, parece desequilibrar a balança dos poderes e a busca por legitimação discursiva do Judiciário.

Nessa busca por um salvador, a sociedade escolhe seus heróis e seus vilões. Uma corte que constrói suas decisões judiciais pela soma de onze vozes – de ministros vilões ou heróis – tende a se enfraquecer, pois deixa de lado a construção de uma voz única, a voz do tribunal.

Atuando assim, infelizmente, a corte tende a se afastar da necessária racionalidade, que representa sólido alicerce para uma fundamentação jurídica que ampare as decisões judiciais e, sobretudo, lhes confira legitimidade.

CONCLUSÃO

Colocada sob a lógica de direitos e deveres própria do direito, a atividade de fundamentação das decisões judiciais apresenta um duplo caráter: consiste em dever do magistrado de expor o caminho percorrido na formação de seus pronunciamentos e em direito dos jurisdicionados para que possam conhecer e controlar o conteúdo dos comandos impostos pelo Judiciário, assim como para aferir a legitimidade dos pronunciamentos desse poder republicano.

Há, portanto, uma interdependência entre o cumprimento do dever de fundamentação e o equilíbrio dos poderes Executivo, Legislativo e Judiciário. Considerada essa dependência recíproca, a hipótese inicial adotada como ponto de partida deste trabalho é a de que uma fundamentação simbólica subverte o necessário equilíbrio entre os Poderes, ao fornecer respostas ao que espera o auditório com quem se comunica cada julgador, sem o apego metodológico exigido para que a justificação seja, de fato, jurídica.

O caminho percorrido neste trabalho permite algumas conclusões sobre sua hipótese inicial.

A primeira delas é o reconhecimento da fundamentação como um elemento do sistema de freios e contrapesos do modelo constitucional republicano brasileiro. Nesse sentido, é apenas a partir do controle da fundamentação – em sua dimensão formal e material – que se faz possível reconhecer os limites da atuação legítima e ilegítima do Poder Judiciário. Corolário disso é a constatação de que o agir simbólico – ao se distanciar do adequado conteúdo material dos fundamentos, já que desborda dos limites do direito para arvorar-se em matérias de ordem social, política, filosófica, religiosa etc. – é elemento desencadeador de instabilidades e subversão do esquema de separação dos poderes estabelecido pelo documento constitucional.

Ainda de acordo com o quanto demonstrado, pode-se identificar que a fundamentação simbólica tem como causas tanto elementos formais de desenho institucional das cortes, quanto elementos materiais da realidade sócio-política dos Estados que – sobretudo em países com condições mais precárias de garantia dos direitos à população – colocam as cortes em posição pretensamente progressista e, portanto, autorizada a invadir o campo político sob o argumento do legítimo exercício de proteção de direitos fundamentais.

Nenhum desses elementos, no entanto, é adequado ou suficiente para justificar o afastamento da atuação judicial da racionalidade jurídica, já que este último elemento é pedra de toque do dogma da independência e, portanto, sua inobservância coloca em xeque o modelo do Estado Democrático de Direito.

No caso brasileiro, a análise amostral de julgados do Supremo Tribunal Federal revela que a alquimia entre os mencionados fatores formais e materiais culmina em condições de maior propensão ao agir simbólico. Nessa esteira, as decisões dessa corte são marcadas pela utilização de razões não jurídicas e, em seu lugar, lança-se mão de argumentos interdisciplinares, que extrapolam o campo do Direito e redundam numa postura perigosa do tribunal.

É assim que, no cenário brasileiro, o Poder Judiciário parece gozar de posição proeminente, caracterizando verdadeiro juriscentrismo. A jurisdição constitucional exerce papel ativo na validação do fazer legislativo e executivo. Ao ampliar sua atuação a campos eminentemente afins aos demais poderes, a Corte Constitucional brasileira frequentemente se vale de argumentos metajurídicos para justificar suas decisões.

Preterir a racionalidade jurídica, utilizando em seu lugar fundamentações simbólicas, é postura deletéria por, pelo menos, três razões. Primeiro, porque representa lesão à separação entre os poderes, já que o Judiciário passa a realizar funções tipicamente políticas, as quais, como se sabe, são reservadas com primazia para os poderes eleitos. Em segundo lugar, porque a fundamentação simbólica desvirtua o elemento da racionalidade, sem o qual não se pode falar em atuação legítima dos órgãos de jurisdição constitucional. O último argumento é que, invadindo o campo político e despida de legitimidade, as cortes constitucionais deixam à revelia as funções que seriam verdadeiramente de sua incumbência e, portanto, os jurisdicionados restam mais vulneráveis às lesões ou ameaças a seus direitos.

Sem prejuízo da legitimidade das cortes constitucionais para desempenharem as funções que lhe são acometidas pelo constituinte, sabe-se que tal exercício não pode desvincular-se do campo do Direito e passar a se revestir das características típicas do fazer político.

Daí porque a necessidade de concretização do dever de fundamentação ganha relevo, notoriamente se atrelada à perspectiva de sua identificação em compasso com o percurso na construção da decisão judicial, mais voltado à busca pela valorização da efetiva deliberação e julgamento de casos concretos por meio de enfrentamentos jurídicos analíticos e dotados de normatividade. A densificação normativa do conteúdo da fundamentação adequada favorece o controle dos pronunciamentos judiciais, evitando indevido avanço do Judiciário sobre campos de atuação afetos aos demais poderes e permite a identificação da atuação ilegítima quando fundada em razões simbólicas.

É a partir da densificação que se abre o caminho para distinguir o agir simbólico como elemento invalidante da fundamentação das decisões judiciais da situação de fundamentação insuficiente.

Tornar nítidos esses limites é passo necessário para que se apontem os limites saudáveis de atuação da jurisdição constitucional, contribuindo para o desempenho a contento da função reservada ao poder judiciário pelo modelo constitucional brasileiro.

REFERÊNCIAS

ALEMANHA. Tribunal Constitucional Federal. **Estatística Anual 2019.** Karlsruhe, 2019. Disponível em: <https://www.bundesverfassungsgericht.de/SharedDocs/Downloads/EN/Statistik/statistics_2019.html>. Acesso em: 24 set. 2020.

ALEXY, Robert. ***Balancing, constitutional review, and representation.*** *International Journal of Constitutional Law*. v. 3, n. 572, 2005.

______. **Teoria da Argumentação Jurídica.** São Paulo: Landy, 2001.

BARBOSA MOREIRA, José Carlos. A motivação das decisões judiciais como garantia inerente ao estado de direito. **Temas de direito processual - 2ª série**. São Paulo: Saraiva, 1980.

BARROSO, Luís Roberto. **A judicialização da vida e o papel do Supremo Tribunal Federal.** Belo Horizonte: Fórum, 2018.

______. A razão sem voto: a função representativa e majoritária das cortes constitucionais. **REI- Revista Estudos Institucionais**, v. 2, 2017, p. 23-50, 517-546.

______. A razão sem voto: o Supremo Tribunal Federal e o governo da maioria. **Revista Brasileira de Políticas Públicas**, Brasília, v. 5, Número Especial, 2015, p. 23-50.

______. Countermajoritarian, Representative, and Enlightened: The roles of constitutional tribunals in contemporary democracies. **Revista Direito e Práxis**, Ahead of print, Rio de Janeiro, 2017, p. 27-28.

______. **Curso de direito constitucional contemporâneo: Os conceitos fundamentais e a construção do novo modelo.** 7. ed. São Paulo: Saraiva, v. 1, 2015.

BAUM, Lawrence. ***Judges and their audiences: a perspective on judicial behavior***. Princeton: Princeton University Press, 2006.

BONAVIDES, Paulo. **Curso de direito constitucional**. 24. ed. São Paulo: Malheiros, 2009. 827p.

BORTOLINI, Rafaela. SOUZA, Leonardo Vieira de. **A suposta deliberação colegiada no STF: onze discursos para vários auditórios.** *In*: **Estudos avançados de direito constitucional: em homenagem ao professor Carlos**

Antônio de Almeida Melo – Carlão. Organizado por Marcelo Antonio Theodoro, Julia Natália Araújo Santos. Belo Horizonte: Casa do Direito, 2021.

BRANDÃO, Rodrigo. **Supremacia judicial versus diálogos constitucionais: A quem cabe a última palavra sobre o sentido da Constituição?** Rio de Janeiro: Lumen Juris, 2017.

BRASIL. Constituição (1988). **Constituição da República Federativa do Brasil.** Brasília, DF: Senado Federal: Centro Gráfico, 1988.

______. Superior Tribunal de Justiça. **Embargos de Declaração no Agravo Regimental nos Embargos de Divergência em Recurso Especial nº 1.483.155/BA.** Corte Especial. Relator: Og Fernandes. Data de Julgamento: 15.06.2016. Data de Publicação: 03.08.2016.

______. Superior Tribunal de Justiça. **Embargos de Divergência em Recurso Especial nº 1.021.851/SP.** Relator: Benedito Gonçalves. Data de Julgamento: 13.06.2018. Data de Publicação: 19.06.2018.

______. Superior Tribunal de Justiça. **Embargos de Divergência em Recurso Especial nº 1.384.669/RS.** Relator: Nefi Cordeiro. Data do Julgamento: 28.08.2019. Data da Publicação: 02.09.2019.

______. Supremo Tribunal Federal. **Ação Declaratória de Constitucionalidade nº 43.** Tribunal Pleno. Relator: Marco Aurélio. Data de Julgamento: 07.11.2019. Data de Publicação: 12.11.2020.

______. Supremo Tribunal Federal. **Ação Declaratória de Constitucionalidade nº 44.** Tribunal Pleno. Relator: Marco Aurélio. Data de Julgamento: 07.11.2019. Data de Publicação: 12.11.2020.

______. Supremo Tribunal Federal. **Ação Declaratória de Constitucionalidade nº 54.** Tribunal Pleno. Relator: Marco Aurélio. Data de Julgamento: 07.11.2019. Data de Publicação: 12.11.2020.

______. Supremo Tribunal Federal. **Arguição de Descumprimento de Preceito Fundamental n° 378**. Tribunal Pleno. Redator para acórdão: Roberto Barroso. Data do Julgamento: 16.03.2016. Data da Publicação: 04.08.2016.

______. Supremo Tribunal Federal. **Arguição de Descumprimento de Preceito Fundamental n° 572.** Tribunal Pleno. Relator: Edson Fachin. Data de Julgamento: 18.06.2020. Data de Publicação: 13.08.2020.

______. Supremo Tribunal Federal. **Ação Direta de Inconstitucionalidade n° 1.351.** Tribunal Pleno. Relator: Marco Aurélio. Data do julgamento: 07.12.2006. Data do Julgamento: 30.03.2017.

______. Supremo Tribunal Federal. **Ação Direta de Inconstitucionalidade n° 1.354.** Tribunal Pleno. Relator: Marco Aurélio. Data do julgamento: 07.12.2006. Data do Julgamento: 30.03.2017.

______. Supremo Tribunal Federal. **Ação Direta de Inconstitucionalidade n° 3.510.** Tribunal Pleno. Relator: Ayres Britto. Data do julgamento: 29.05.2008. Data do Julgamento: 27.05.2010.

______. Supremo Tribunal Federal. **Ação Direta de Inconstitucionalidade por Omissão nº 26.** Tribunal Pleno. Relator: Celso de Mello. Data do Julgamento: 16.06.2019. Data da Publicação: 06.10.2020.

______. Supremo Tribunal Federal. **Ação Originária n° 1773.** Decisão Monocrática. Relator: Luiz Fux. Data do Julgamento: 27.02.2018. Data da Publicação: 02.03.2018.

______. Supremo Tribunal Federal. **Agravo em Recurso Extraordinário n° 727864 AgR/PR.** Relator(a): Celso de Mello, Segunda Turma. Data de julgamento: 04.11.2014. Data de publicação: 13.11.2014.

______. Supremo Tribunal Federal. **Habeas Corpus: 68726.** Tribunal Pleno. Relator: Néri da Silveira. Data do Julgamento: 28.06.1991. Data da Publicação: 20.11.1992.

______. Supremo Tribunal Federal. **Habeas Corpus 84078.** Tribunal Pleno. Relator: Eros Grau. Data do Julgamento: 05.02.2009. Data da Publicação: 26.02.2010.

______. Supremo Tribunal Federal. **Habeas Corpus 84311.** Tribunal Pleno. Relator: Cezar Peluso, Segunda Turma. Data de Julgamento: 03.04.2007. Data de Publicação: 08.06.2007.

______. Supremo Tribunal Federal. **Habeas Corpus 98006.** Tribunal Pleno. Relator: Ayres Britto, Primeira Turma. Data de Julgamento: 24.11.2009. Data de Publicação: 05.02.2010.

______. Supremo Tribunal Federal. **Habeas Corpus 126292.** Tribunal Pleno. Relator: Teori Zavascki. Data de julgamento: 17.02.2016. Data de Publicação: 17.05.2016.

______. Supremo Tribunal Federal. **Habeas Corpus 104410/RS.** Relator: Gilmar Mendes, Segunda Turma. Data de Julgamento: 06.03.2012. Data de Publicação: 27.03.2012.

______. Supremo Tribunal Federal. **Reclamação n° 9428.** Tribunal Pleno. Relator: Cezar Peluso. Data de julgamento: 10.12.2009. Data de Publicação: 24.06.2010.

______. Supremo Tribunal Federal. **Recurso Extraordinário nº 217.631.** Relator: Sepúlveda Pertence, Primeira Turma. Data de julgamento: 09.09.1997. Data de Publicação: 24.10.1997.

______. Supremo Tribunal Federal. **Recurso Extraordinário nº 435.256.** Relator: Marco Aurélio, Primeira Turma. Data do Julgamento: 26.05.2009. Data de Publicação: 21.08.2009.

______. Supremo Tribunal Federal. **Recurso Extraordinário nº 523.583.** Relator: Gilmar Mendes. Data de Julgamento: 19.12.2006. Data de Publicação: 14.03.2007.

______. Supremo Tribunal Federal. **Recurso Extraordinário nº 575.144.** Tribunal Pleno. Relator: Ricardo Lewandowski. Data de julgamento: 11.12.2008. Data de Publicação: 20.02.2009.

BUCCI, Maria Paula Dallari. **Fundamentos para uma teoria jurídica das políticas públicas.** São Paulo: Saraiva. v. 1, 2013.

BUENO, Cassio Scarpinella (Coord.). **Comentários ao Código de Processo Civil**: arts. 1 a 317. São Paulo: Saraiva, v. 1, 2017.

______. **Curso sistematizado de direito processual civil**. 5. ed. São Paulo: Saraiva, 9. ed. São Paulo: Saraiva Educação, 2018.

CAMARGO, Marcelo Novelino. **Como os juízes decidem: a influência de fatores extrajurídicos sobre o comportamento judicial.** Tese (Doutorado em Direito) – Faculdade de Direito da Universidade do Estado do Rio de Janeiro, Rio de Janeiro, 2014.

CAMBI, Eduardo. **Neoconstitucionalismo e neoprocessualismo: Direitos fundamentais, políticas públicas e protagonismo judiciário**. 2 ed. São Paulo: Almedina, 2018.

CANAS, Vitalino. **O Princípio da proibição do excesso na conformação e no controle de atos legislativos.** Coimbra: Almedina, 2017.

CANOTILHO, José Joaquim Gomes de. **Direito constitucional e teoria da Constituição**. 7. ed. Coimbra: Almedina, 2003.

CASTRO, Celso Corrêa Pinto de. Entre Caxias e Osório: a criação do culto ao patrono do Exército brasileiro. **Revista Estudos Históricos**, Rio de Janeiro, v. 14, n. 25, p. 103-118, jul. 2000. Disponível em: <http://bibliotecadigital.fgv.br/ojs/index.php/reh/article/view/2112>. Acesso em: 28.09.2020.

DAHL, Robert. ***Democracy and its critics.*** Yale: Yale University Press, 1991.

DARLEY, John M; MACCOUN, Robert; ROBBENNOLT, Jennifer K. (2008). *Multiple constraint satisfaction in judging*. **Illinois Public Law Research** Paper No. 08-22, UC Berkeley Public Law Research Paper No. 11333184, 2008. Disponível em: <http://ssrn.com/abstract=1133184>. Acesso em: 22 set. 2020.

DIDIER JR., Fredie. **Curso de direito processual civil**. 12. ed. Salvador: Juspodivm, 2017. v. 2.

DIMOULIS, Dimitri; MARTINS, Leonardo. **Teoria geral dos direitos fundamentais.** 7. ed. São Paulo: Revista dos Tribunais, 2020.

DONIZETTI, Elpídio. **Novo Código de Processo Civil comentado.** 2a. ed. São Paulo: Atlas, 2017.

DWORKIN, Ronald. ***A matter of principle.*** Cambridge: Harvard University Press, 1985.

DWORKIN, Ronald. **Levando os Direitos a Sério.** Trad. Luís Carlos Borges. 2ª ed. São Paulo: Martins Fontes, 2005.

DWORKIN, Ronald; RIOS, Gildo. **O império do direito**. São Paulo: Martins Fontes, 1999.

DWORKIN, Ronald. **Uma questão de princípio.** Trad. Luiz Carlos Borges. São Paulo: Martins Fontes, 2005.

ESPANHA. **Constitución Española.** Tribunal Constitucional de España.

ESTADOS UNIDOS MEXICANOS. **Constituição (1917).** Constitucion politica de los estados unidos mexicanos de 5 de febrero de 1917.

FEREJOHN, John. PASQUINO, Pasquale. ***Constitutional adjudication: lessons from Europe.*** Tex. L. Rev., v. 82, p. 1671, 2003.

FLACH, Daisson. **Dever de motivação das decisões judiciais na jurisdição contemporânea**. Tese (Doutorado em Direito) – Faculdade de Direito da Universidade Federal do Rio Grande do Sul, Porto Alegre, 2012. Disponível em: <https://bdtd.ibict.br/vufind/Record/URGS_8697483e4e54d52c0df15f7d32d13960>. Acesso em: 24/06/2021.

FRANK, Jerome. ***Law and the modern mind.*** New York: Anchor Books Anchor Books, Doubleday & Co., 1963.

GARCIA DE ENTERRIA, Eduardo. **La Constitución como norma y el Tribunal Constitucional.** Madrid: 4ª ed., 2006.

GOMES FILHO, Antônio Magalhães. **A motivação das decisões penais.** São Paulo: Revista dos Tribunais, 2001.

ITÁLIA. **Constituição da República Italiana (1947)**. Edição em português. Senato della Repubblica. 2018. Disponível em: <http://www.areaseg.com/bib/29%20-%20Constituicao%20de%20Paises/Constituicao-Italia.pdf>. Acesso em: 23.07.2021.

MARTINS, Ana Maria Guerra. **Manual de direito da União Europeia.** 2017. Lisboa, 2017.

MARTINS, Ana Maria Guerra. ROQUE, Miguel Prata. **A Tutela multinível dos direitos fundamentais–A posição do Tribunal Constitucional Português.** In: 16.ª Conferência Trilateral dos Tribunais Constitucionais de Espanha, Itália e Portugal. 2014.

GUSFIELD, Joseph R. **Symbolic Crusade: Status Politics and the American Temperance Movement**. 2 ed. Chicago: University of Illinois Press, 1986.

HABERMAS, Jürgen. **Direito e democracia: entre facticidade e validade**. Trad. Flávio Beno Siebneichler. Rio de Janeiro: Tempo Brasileiro, 1997, v. I.

______. **O Estado Democrático de Direito – uma amarração paradoxal de princípios contraditórios?** *In*: **Era das Transições**. Trad. Flávio Breno Siebeneichler. Rio de Janeiro: Tempo Brasileiro, 2003.

______. **Teoria do Agir Comunicativo: Racionalidade da ação e racionalização social.** São Paulo: Martins Fontes, 2012.

HEIDEGGER, Martin. **Ser e tempo.** 13. ed. Petrópolis: Vozes, 2004.

HERRERA, Carlos Miguel. ***La polémica Schmitt-Kelsen sobre el guardián de la Constitución.*** Revista de Estudios Políticos, n. 86, p. 195-228, 1994.

LEAL, André Cordeiro. **O contraditório e a fundamentação das decisões no direito processual democrático**. Belo Horizonte: Mandamentos, 2002.

LEAL, Saul Tourinho. **Ativismo ou altivez? O outro lado do Supremo Tribunal Federal.** Dissertação (Mestrado em Direito). Instituto Brasiliense de Direito Público. Brasília, 2008.

LIPKIN, Robert Justin. ***Wich Constitution? Who decides? The problem of judicial supremacy and the interbrach solution.*** *In*: Cardozo Law Review, v. 28, n. 3, 2006.

LOSANO, Mário G. **Modelos teóricos, inclusive na prática: da pirâmide à rede: novos paradigmas nas relações entre direitos nacionais e normativas supraestatais**. Revista do Instituto dos Advogados de São Paulo. Ano 8, n. 16, jul-dez, São Paulo: Revista dos Tribunais, 2005.

LUCCA, Rodrigo Ramina de. **O dever de motivação das decisões judiciais**. 3 ed. rev. e atual. Salvador: Juspodivm, 2019.

LUHMANN, Niklas. ***Social Systems***. Stanford: Stanford University Press, 1995.

MARINONI, Luiz Guilherme; ARENHART, Sérgio Cruz; MITIDIERO, Daniel. **Código de Processo Civil comentado**. 6. ed. São Paulo: Revista dos Tribunais, 2020.

______. Da Corte que declara o "sentido exato da lei" para a corte que institui precedentes. **Revista dos tribunais**, v. 950, São Paulo, dez. 2014.

MAUS, Ingebord. **O Direito e a política: teoria da democracia**. Belo Horizonte: Del Rey, 2009.

______. O Judiciário como superego da sociedade: o papel da atividade jurisprudencial na "sociedade órfã". Trad. Martônio Lima e Paulo Albuquerque. **Revista Novos Estudos CEBRAP**, nº 58, nov. de 2000.

MENDES, André Caixeta da Silva. **O STF e a proibição da insuficiência: a proporcionalidade na litigância de direitos sociais**. Monografia (Especialização em Direito Público). Sociedade Brasileira de Direito Público. São Paulo: 2018. Disponível em: <http://www.sbdp.org.br/wp/wp-content/uploads/2019/03/AndreCaixetaProibicaode-Insuficiencia.pdf>. Acesso em: 21.07.2021.

MENDES, Conrado Hübner. **O projeto de uma corte deliberativa. Jurisdição Constitucional no Brasil.** São Paulo: Malheiros, 2012.

MENDES, Gilmar Ferreira; COELHO, Inocêncio Mártires; BRANCO, Paulo Gustavo Gonet. **Curso de direito constitucional.** 11 ed. São Paulo: Saraiva, 2016.

MENDONÇA, Eduardo. **A democracia das massas e a democracia das pessoas: uma reflexão sobre a dificuldade contramajoritária.** Tese (Doutorado), Faculdade de Direito da Universidade Estadual do Rio de Janeiro, Rio de Janeiro, 2014. (mimeografada, p. 213).

MILL, John Stuart. ***On liberty***. Londres, 1874.

MITIDIERO, Daniel. **Colaboração no processo civil – Pressupostos sociais, lógicos e éticos.** São Paulo: Revista dos Tribunais, 2009.

MORAIS, Carlos Blanco de. **O sistema político no contexto da erosão da democracia representativa.** Coimbra: Almedina, 2017.

MOTTA, Cristina Reindolff da. **A motivação das decisões cíveis: como condição de possibilidade para resposta correta/adequada**. Porto Alegre: Livraria do Advogado Editora, 2012.

NEVES, Marcelo. **A constitucionalização simbólica.** 3 ed. São Paulo: Editora WMF Martins Fontes, 2011.

NERY JÚNIOR, Nelson. **Princípios do processo na Constituição Federal**. 13. ed. rev., atual. e ampl. São Paulo: Revista dos Tribunais, 2017.

NETO, Nagibe de Mello Jorge. **Uma teoria da decisão judicial: Fundamentação, legitimidade e justiça**. 2 ed. rev. e atual. Salvador: Juspodivm, 2019.

NOVAIS, Jorge Reis. **Direitos fundamentais e justiça constitucional em estado de direito democrático**. Coimbra: Coimbra Editora, 2012.

______. **Direitos fundamentais e justiça constitucional**. Lisboa: AAFDL, 2017.

______. **Direitos fundamentais nas relações entre particulares: do dever de proteção à proibição do défice**. Coimbra: Almedina, 2018.

______. **Direitos sociais – Teoria jurídica dos direitos sociais enquanto direitos fundamentais**. Lisboa: AAFDL, 2016.

______. **Princípios estruturantes do estado de direito**. Coimbra: Almedina, 2019.

NEVES, Marcelo. **A constitucionalização simbólica**, 3 ed., São Paulo: Editora WMF Martins Fontes, 2011.

OLIVEIRA, Fabiana Luci de. **Processo decisório no Supremo Tribunal Federal: coalizões e "panelinhas"**. *In*: Revista de Sociologia e Política, v. 20, n. 44, pp. 139-153, 2012.

PERELMAN, Chaim; OLBRECHTS-TYTECA, Lucie. **Tratado da argumentação: a nova retórica.** São Paulo: Editora Martins Fontes, 1996.

PLATÃO. **A república.** 9 ed. Lisboa: Calouste Gulbenkian, 1949.

PORTUGAL. **Constituição da República Portuguesa (1976)** - Defende a independência nacional, garante os direitos fundamentais dos cidadãos, estabelece os princípios basilares.

RAWLS, John. ***The idea of public reason revisited.*** University of Chicago Law Review, n. 64, p. 765-807, 1997.

REPÚBLICA DO PERU. **Constitucion política del Perú de 1993.** Edição de 2011. Disponível em: <https://pdba.georgetown.edu/Constitutions/Peru/per93reforms05.html>. Acesos em 23.07.2021.

RODRIGUES, Luis Fernando Matricardi. O STF às voltas com a "Navalha de Ockham": uma "Proibição de Insuficiência" como Controle de Proporcionalidade das Omissões? In: VOJVODIC, Adriana; PINTO, Henrique Motta; GORZONI, Paula; SOUZA, Rodrigo Pagani de, (Org.). **Jurisdição Constitucional no Brasil**. São Paulo: Malheiros Editores, 2012, p. 317-334.

SANTOS, Welder Queiroz dos. **Ação rescisória por violação a precedente.** 2018. 297 f. Tese (Doutorado em Direito) - Programa de Estudos Pós-Graduados em Direito, Pontifícia Universidade Católica de São Paulo, São Paulo, 2018.

______. **Princípio do contraditório e vedação de decisão surpresa.** 1. ed. Rio de Janeiro: Forense, 2018.

SARMENTO, Daniel. **Direitos, Democracia e República**: escritos de Direito Constitucional. Belo Horizonte: Fórum, 2018.

SCHMITZ, Leonard Ziesemer. **Fundamentação das decisões judiciais: a crise na construção de respostas no processo civil.** São Paulo: Revista dos Tribunais, 2015.

SCHWABE, Jürgen. **Cinquenta anos de jurisprudência do Tribunal Constitucional Federal Alemão (Trad. Leonardo Martins)**. Montevideo: Fundación Konrad-Adenauer, 2005.

SCHWARTZMAN, Micah. ***The principle of judicial sincerity.*** Virginia Law Review, v. 94, n. 4, p. 992, 2008.

SILVA, Jorge Pereira. **Deveres do Estado de proteção de direitos fundamentais.** Lisboa: Universidade Católica Editora, 2015.

SILVA, Virgílio Afonso da. **De quem divergem os divergentes: os votos vencidos no Supremo Tribunal Federal.** Revista Direito, Estado e Sociedade, n. 47, jul-dez 2015.

______. ***Deciding without deliberating***. International Journal of Constitutional Law. v. 11, n. 3, 2013.

______. **"Um voto qualquer"? O papel do ministro relator na deliberação no supremo tribunal federal**. REI – Revista Estudos Institucionais, [S.l.], v. 1, n. 1, p. 180-200, jan. 2016. Disponível em: <https://estudosinstitucionais.com/REI/article/view/21/22>. Acesso em: 24 set. 2020. doi:https://doi.org/10.21783/rei.v1i1.21.

SIMON, Dan. ***In praise of pedantic eclecticism: pitfalls and opportunities in the psychology of judging. The psychology of judicial decision making.*** David E. Klein; Gregory Mitchell [eds.]. New York: Oxford University Press, 2010.

SOUZA, Leonardo Vieira de. **O conteúdo do princípio da proibição da insuficiência: da indefinição no Supremo Tribunal Federal brasileiro a uma proposta de densificação normativa.** Relatório apresentado no mestrado em direitos fundamentais na Universidade de Lisboa, na disciplina Direito Constitucional, sob a regência do Prof. Dr. Jorge Reis Novais, no ano letivo 2019/2020, no prelo.

STRECK, Lênio Luiz. **Hermenêutica Jurídica e(m) crise**: uma exploração hermenêutica da construção do Direito. 8 ed. Porto Alegre: Livraria do Advogado, 2009.

______. **Hermenêutica Jurídica e(m) crise**: uma exploração hermenêutica da construção do Direito. 11. ed. Porto Alegre: Livraria do Advogado Editora, 2014.

______. **Verdade e Consenso**: Constituição, hermenêutica e teorias discursivas. 6. ed. São Paulo: Saraiva, 2017.

SUNSTEIN, Cass. R. ***One case at a time – judicial minimalism in the Supreme Court***. Cambridge: Harvard University Press, 2001.

______. ***Radicals in robes: why extreme righ-twing Courts are wrong for America.*** New York: Basic Books, 2005.

______. ***R. A Constitution of many minds – why the founding document doesn't meant what it ment before***. New Jersey: Princeton University Press, 2009.

TARUFFO, Michele. **A motivação da sentença civil**. Tradução de Daniel Mitidiero, Rafael Abreu e Vitor de Paula Ramos. São Paulo: Marcial Pons, 2015.

TUCCI, José Rogério Cruz e. **A Motivação da sentença no processo civil.** São Paulo: Saraiva, 1987, p. 20.

______. **Ainda sobre a nulidade da sentença imotivada**. Revista de Processo, São Paulo, ano 14, v. 56, p. 223-233, out. 1989.

VELLOSO, Carlos. **O Supremo Tribunal Federal, corte constitucional**. Revista de Direito Administrativo, Rio de Janeiro, v. 192, p. 1-28, abr. 1993. Disponível em: <http://bibliotecadigital.fgv.br/ojs/index.php/rda/article/view/45732/47284>. Acesso em: 23 Set. 2020. doi:http://dx.doi.org/10.12660/rda.v192.1993.45732.

VIEIRA, Oscar Vilhena. **Supremocracia.** Revista Direito GV, São Paulo, 2008 v. 4, n. 2, p. 441-464. Disponível em: <http://bibliotecadigital.fgv.br/ojs/index.php/revdireitogv/article/view/35159/33964>. Acesso em: 24.09.2020.

WALDRON, Jeremy**. *Derecho y desacuerdos*.** Madrid, 2005.

______. ***The core of the case against judicial review*.** Yale Law Journal, 115 (2006), p. 1346.

EDITORA JusPODIVM
www.editorajuspodivm.com.br

RENOVA GRAF
www.renovagraf.com.br